中公新書 2704

楠木 新著

転身力

「新しい自分」の見つけ方、育て方

中央公論新社刊

プロローグ　自身の可能性を探る

巨人軍・木村コーチのメッセージ

「転身力」について述べるにあたって、読売巨人軍の木村拓也《きむらたくや》コーチが、プロに入ったばかりの新人たちに語った講演内容を紹介したい。12球団の新人選手を集めた「NPB（日本野球機構）新人選手研修会」である。

彼は選手時代、日本ハム、広島、巨人と渡り歩き、試合で使ってもらうため、すべてのポジションを守れるユーティリティー・プレイヤーになった。また、もともとは右打者だが左打席でも打てるスイッチヒッターに転向したことで長く活躍した。周囲からの信頼が厚く、現役引退と同時に巨人軍の内野守備走塁コーチに就任したばかりだった。

木村はこの講演で、高校を卒業して19年間プロ野球選手として歩んだ軌跡を振り返っている。高校通算35本塁打を放った強肩の捕手で、宮崎県下では突出した選手だったが、1990年のドラフト（新人選手選択会議）では指名されなかった。ドラフト外で日本ハムに入団する際、スカウトから「入ったら横一線だから。プロの世界は自分が頑張って結果を残せば、一軍に上がって大変な給料がもらえる」と言われた。

だがキャンプ初日にシートノックでボール回しをやった時、「とんでもないところに来た」と気づく。プロのスピードに全くついていけなかったのだ。すぐにやめて田舎に帰らないといけないと思った。2年目に二軍監督から指示され、外野手として選手人生の第一歩を踏み出した。

3年目のオフに転機が訪れた。参加したハワイのウインターリーグで4か月間、1歳下のイチロー選手と同室になったのだ。毎朝起きると、もうイチロー選手は部屋にいなくて、ウエイトトレーニングに励んでいた。イチロー選手はこのウインターリーグで首位打者を獲得。木村は、彼が自分の野球に対する姿勢を変えてくれたと感謝している。

4年目は守備要員ながら一軍に在籍し、「やっと野球選手になれたな」と思っていたが、広島にトレードされた。「なんで俺が」と思ったという。広島は当時、野村《のむら》、江藤《えとう》、前田《まえだ》、音《おと》、緒方《おがた》、金本《かねもと》など名選手揃《ぞろ》いで、自分が入り込む隙《すき》はないように思えた。移籍1年目の成績は出場わずか7試合で7打数ヒットなし。「これはクビになるな」と思い、「どうやったらここで生きていけるか」を考えて、内野手の練習をするようになった。

移籍2年目（プロ6年目）はスイッチヒッターに取り組む。練習は人の2倍やらないといけないが、相手が右投手なら左打席、左投手なら右打席に立つことで、自分の体の近くから来て遠いところへ逃げていく球がなくなり、ヒットが打てるようになった。そしてプロ入り10年目には136試合フル出場を果たした。プロ野球選手の「平均寿命」が8、9年と言われる中で、10年以上生き残ることができたのである。

34歳の時に、広島が選手の若返りを図っていて出場機会が減りそうだった。まだ子どもは小さく、家のローンも残っていたので球団にトレードを志願すると、決まったのは戦力が充実している巨人。「出番を求めているのに、なんでジャイアンツなんだろう」と思ったが、入団すると怪我《けが》人が続出してチャンスがもらえた。

広島から巨人に移籍し、入団記者会見をする木村拓也選手。2006年6月6日撮影。写真提供、共同通信社。

巨人ではリーグ3連覇や日本一を経験し、勝つ喜びを知った。以前は成功しようと自分のことばかり考えていたが、チームが勝つ喜びは言葉では言い表せないほどだという。木村は講演の最後をこう締めくくっている。

「自分は『こういう選手になろう』と思ってここまで来た選手ではありませんでした。こうやるしか思いつかなかった。それが『ユーティリティー・プレーヤー』『何でも屋』で、それが一番得意だそれでもこの世界で食っていける。（中略）『俺が一番うまい』と思って入団して、一番得意だった事がうまくいかないこともあるでしょう。ではなく、自分の話を思い出してほしい。投げ出す前に、自分自身を知って可能性を探るのも必要なのではないでしょうか」

講演が行われたのは2010年3月2日。それから1か月後の4月2日、試合前のシートノック中に、木村拓也は突然意識を失って病院に搬送され、5日後に息を引き取った。くも膜下出血だった。38歳の誕生日の8日前だったという。


「このままでよいのだろうか」

日々過ごしていて、「このままでよいのだろうか」とふと思うことがあるかもしれない。程度の差はあるにしても、「変わりたい」と思っている人は意外に多いのではないか。

会社の同期が一念発起して税理士試験に合格して独立するとの噂《うわさ》が聞こえてきた。高校時代の同級生が本を出した。別の同級生が地元に戻って地域を活性化するＮＰＯを立ち上げた。

そんな話を耳にして心がざわつく経験をした人もいるのではないだろうか。

自分が全く希望しない部署への異動内示を受け取った時、同期が自分よりも先に課長職に昇格することを知った時などに、「今のままでよいのだろうか」と思ったことはあるだろう。かつて憧《あこが》れた先輩の意気消沈した仕事ぶりを目の当《ま》たりにして「このままではいけない」と焦ることがあるかもしれない。また管理職への昇格や子どもの独立などの区切りのタイミングで自分を変えたいと考える人もいるだろう。何らかの形で自己の可能性にコミットする必要があるのだ。

人生１００年時代という言葉が最近は定着した感がある。今40歳なら半分にも達していない。50歳でもまだまだ人生の折り返し地点ということになる。60歳の定年時の平均余命を見ると、現在でも男性でおおよそ24年、女性で30年近くある。今後も寿命はさらに延びていくだろう。もう誰もが第二の人生を持つ時代になった。

転身という言葉はまだ必ずしも市民権を得ていない。その必要性を感じさせた最初のきっかけは、バブル崩壊後の１９９３年、オーディオメーカーのパイオニアが数十人の管理職に対して退職勧奨したことだろう。マスコミはこれを指名解雇だと取り上げて「パイオニアショック」と呼んだ。それまでは日本の大企業では経営者は社員の雇用を守ることが暗黙の前提であった。それ以後は低成長の中で退職勧奨は特に珍しいことではなくなっている。バブル期に過剰に採用した中高年社員の処遇問題もこの背景にはある。

また昨今のコロナ禍によって経営が厳しくなっている企業は増えていて、企業業績を回復させるためや、会社の構造を変えるための早期退職、派遣切りの増加などが今後も予想される。従来の長期雇用や年功序列が当然のように続くとは考えられない。

同時にコロナ禍により在宅勤務やテレワークが進みつつあり、みんなで顔を合わせて一緒に仕事を進めるという日本型の雇用システムも変更を迫られている。今までのように組織にもたれかかって過ごせる余地はさらに小さくなっていく。

高齢者雇用安定法の一部が2021年4月に施行され、70歳まで働くことが前提となっている。この法律の中でも、創業支援が取り上げられていて、雇われない働き方、独立が盛り込まれている。

寿命がさらに延びるなかで、働き方や生き方、物の考え方を変えずに人生の終わりまで走り切ることはできない。経済的な安定や家族の支えはもちろん重要ではあるが、それだけでは「このままでよいのだろうか」という気持ちを解消してはくれない。

まさに、自らの人生の主人公になることが求められている。木村拓也コーチが語ったように「自分自身を知って可能性を探るのも必要」ではないか。それが「転身力」である。

変わることには多少の不安や自信のなさも感じるだろう。起業や転職、独立といった職業を変えるのであればなおさらである。ただ生き残るためだけに変わらなければならないという見方だと辛《つら》いものがある。視点を変えて、自分の変化やその過程を楽しめたらいい。

今までできなかったことができるようになった。新たなタイプの人と出会えた。「気づいていなかった自分」を知ることができた――。今までとは異なる「もう一人の自分」と出会えると、生きづらさが緩和されるかもしれない。それは誰にとっても喜ばしいことではないか。先述の木村コーチもプロ野球で生き残るための策を語っているが、その発言は野球を愛する気持ちやチームや同僚、家族に対する愛情に満ちている。

その意味では、誰もが羨《うらや》む「華麗な転身」だけが目標ではない。人それぞれなのだから、変化する自分も無数にあっていい。他人と比較するべきものではないだろう。そう、誰でも自分だけの物語を持っているからだ。あえて比較するとすれば、それは過去の自分と比べて成長した、視野が広がった、「知らなかった自分」に気づいたということなのだ。

通勤電車の中で、あるいは夜フトンに入った時、ふと「自分は今のままでいいのかな？」という疑問が湧《わ》いたなら、それは変わることに向けて一歩を踏み出すチャンスかもしれない。

転身力を身につける

現在の境遇から変わりたいと思っているのなら、多くの人の人生を俯瞰《ふかん》し、一人一人の歩んだ道筋を参考にすることは十分に意味がある。世の中はその人が頭の中で想定する社会の枠組み以上のものではなく、また会社組織は人がこしらえた約束事にすぎないので、同じ会社に勤めている人でもその会社の捉《とら》え方はばらばらである。

極端に言えば、世の中や会社組織は各人が頭に描いた幻想にすぎない。自分の歩んできた道筋のみがリアルなものである。そして自らがコントロールできるのも自分の行路であり、他人のそれではない。

本書では、変化を求める理由、自らの道筋を変えるポイント、およびその道筋における課題にどのように対処すればよいのかを「転身力」というキーワードを使いながら考えてみたい。

そのための材料としては、私自身の取材だけではなく、伝記、自叙伝、インタビュー、古典作品、ノンフィクション、テレビ番組などのコンテンツを幅広く取り上げたい。対象は、スポーツ選手や作家、ミュージシャン、学者、高名な経営者などの傑出した有名人だけに限らず、一般の会社員や市井《しせい》の人の転身についても同時に取り上げる。

人生で得た名声や収入を単純に比較すれば、傑出した人物と一般の人たちとの間には決定的な違いがある。たしかに、大谷翔平《おおたにしょうへい》や井上陽水《いのうえようすい》、ブルース・リーになるための教科書はない。

しかしながら、有益なヒントが得られるという意味では、両者の歩んだ道筋にそれほど大きな差異はない。人は頭の中ではいろいろなことを考えても、行動というベースで見ればだいたい似通ったことをするからだ。先達が「考えたこと」「講釈」ではなく、「やったこと」「行動」に注目すべきだというのが、これまで長く取材してきた私の実感である。それと同時に、人には幸不幸や、偶然の出来事、人との意外な出会いがあるにしても、誰もが自らが歩む道筋をジャンプすることはできず、一歩一歩踏みしめて進むしかないことも共通している。

傑出した人物でも一気に上昇できるエレベーターに乗っているわけではなく、一段ずつ階段を上がっている。彼らの歩んだプロセスをヒントにして自分に重ね合わせれば、参考にできるチャンスは多いのではないか。逆に、具体的なお手本がないと変化しづらいのである。

目先の短期的な結果や、その場に通じるノウハウだけを求めていてはうまく対応できない。時代の変化によって働き方や社会のルールも変わってくるからだ。また、加齢によって自分の周囲の景色も変わる。私自身に関しても、60代半ばになった今から考えると、40代とは体力や趣味ややりたい仕事も大いに異なっている。そこでは、ノウハウよりも自分が歩むプロセスをどう把握するか、どのように解釈するかが重要だと感じるのである。

自己実現を達成する人が成功者であると考えるよりも、多様な役割を演じる自身の楽しさを大切にした方がいい。「時代についていけない」と立ち止まっているよりも、新たなルールの下でどう適応するかを検討することの方が、はるかに生産的ではないだろうか。最悪の事態を想定し、可能性を自ら捨てることも一つの判断かもしれないが、それではリスクを避けるだけで人生が終わってしまいかねない。

本書では、中高年になって転身（キャリアチェンジ）した多くの人の例を紹介している。彼らは転職や起業に成功したからではなく、彼らの転身のプロセスが働く意味を求める人にとって有益だと考えるからだ。「成功した」という基準ではなく、「深く考える」ための人選なのである。

人はプロセスを見ている

人生を歩む道筋から見れば、自分自身がコントロールできるものと、そうでないものがある。どちらかと言えば、自分ではどうにもならないものの方が多い。

木村拓也コーチの現役時代もそうだ。同じポジション（守備位置）に力量のある選手がいれば、自分が活躍できる範囲は限られる。名選手揃いのチームでは試合に出場できる機会は乏しい。そういった場合、自分がプロ野球選手として生き残るため、どこにチャンスがあるかを見極め、求められるポジションをすべてこなすとともに、スイッチヒッターに転向する選手はそうそういない。

人との出会いも大切だ。イチロー選手の野球に対する姿勢を見て、そこから学んでいる。また、以前は自分の成功のことばかり考えていたが、仲間と一緒に勝つ喜びや優勝の素晴らしさを通して、チームや他人のために尽力できる選手に成長した。

木村の真骨頂は、２００９年9月4日、東京ドームで行われた対ヤクルトスワローズ戦。3対3の同点で延長戦に突入したが、ジャイアンツの3人目の捕手が頭部に死球を受けて退場した。次の十二回を守る捕手がいないという緊急事態だ。木村は、捕手が死球を受けた瞬間、もうダッグアウトから準備のためブルペンに走っていた。

10年ぶりに公式試合でマスクをかぶる。彼が一球一球キャッチングするたびにファンの声援が沸いた。捕手として十二回を守り切り、チームは引き分けに持ち込んだ。原辰徳《はらたつのり》監督はベンチを飛び出し、木村捕手の背中を何度も叩《たた》きながらねぎらった。単にすべてのポジションを守れるだけではなく、自らの役回りを十二分に理解し、チームに貢献できる選手だった。

彼はプロ野球の世界に第一歩を踏み出す新人選手に対して、レギュラーになる、エースになるだけがすべてではないと語り、簡単に諦《あきら》めるのではなく、投げ出す前に、自分自身を知って可能性を探るのも必要ではないか、と結んだ。メジャーリーグで活躍している菊池雄星《きくちゆうせい》投手（当時は西武ライオンズの新人選手）は、「（講演の）内容がすごく心に残っている」と語っている。

木村拓也よりも打撃や守備の実績を残した選手はいくらでもいるだろう。だが亡くなってから10年以上経《た》ってもなお、命日が巡ってくるたびスポーツ新聞などに取り上げられる存在であるのは、彼がプロ野球選手として歩んだ道筋に、人々が強く心を動かされるからだ。もちろん結果は大切だが、どのように取り組んだかというプロセスを人は見ている。そこでは、財産や地位を得たことよりも、「これが自分なんだ」というものを発見するまでのプロセスが強く伝わるのだろう。私の過去の取材でも、転身の喜びは転身先への到達ではなくて、そこに至る歩みの中にあると感じることが多い。

木村の場合は野球というスポーツの世界のことであって、実際の人生とは違うのだという意見もあるだろう。ただ、プロスポーツの選手は、20代の後半にもなれば自らの選手寿命から「力の衰え」の問題に直面せざるを得ない。それは野球であろうとサッカーであろうとボクシングであろうと変わらない。

私はかつて、高校や大学での活躍を経て社会人野球でプレーしている選手と話す機会が少なくなかった。彼らも30代半ばくらいに、野球選手としてのキャリアを捨てて次の仕事に向かわなければならないことを意識していた。自らの立ち位置をどうするか、自分の可能性をどのように見積もるかという課題は、一般人の人生と共通しているのである。

それにしても、もし病による突然の不幸がなかったなら、指導者としての木村拓也の物語はどれほど魅力的なものになっただろう。それを見ることができなくなったのは、本人や家族、チームメート、そしてファンにとって大変残念なことに違いない。

自らの可能性を広げる

かつては、いい学校を卒業して大企業に就職して定年まで勤めれば幸福になれるといった幻想があった。それは一つの人生のモデルでもあったが、そうしたモデルを追って生きていける時代ではなくなった。たとえば、今でも新卒一括採用方式をとっている会社は多い。しかし景気の低迷は長引き、環境変化も激しいので、新卒入社した会社で長く満足して働ける可能性は急激に小さくなっている。どこかで変化することを求められるのである。また寿命も延びているので、一つの仕事だけで人生を走り通せる時代ではなくなった。

やはり自分自身を知って可能性を探る転身力が求められている。その際にヒントになるのは、先達が歩んだ道筋なのである。自分をなんとか変えたいと思っている人が、自分の可能性を広げるために参考にできる個人的な体験がもっと提供されることが望まれている。

初めからその人に決まったゴールが設定されているのではなく、昔からの憧れ、魅力ある人との出会い、過去に身につけたスキルを活《い》かすなどして徐々に可能性を広げながら転身後の段階に到達する。人それぞれ数多くの可能性があって、具体的なものもあれば漠然としたものもある。ただその可能性を明確にしていくプロセスには共通項が多く、その原動力は、「行動」と「語り」と「大義名分」なのである。自らの個性や内面を自己分析するだけでは、なかなか前には進めない。

このような転身の話になると、「(条件のいい)あの人だからできたんじゃないか」「あの人は才能と幸運に恵まれていた。私には同じことはできない」と言う人は少なくない。たしかに、憧れの人と同じ境地をゴールに位置づけるとすれば、彼らの発言はその通りだろう。しかし、他の人が歩んだ道筋を自身の可能性を高めるヒントにしようと考えてはどうだろうか。最初から無理だとか、条件の悪い自分にはできないなどと、自らの可能性に蓋《ふた》をするのはもったいない。同時に、自らの可能性に望みを持っていれば、他人との比較に一喜一憂しないし、羨ましく思うことも少ない。

転身と変身は異なる

人生のモデルについて先述したが、人生のステージで考えてみると、フルタイムで学ぶ学生の期間↓フルタイムで働く仕事期間↓働かない引退後、といった流れを従来は前提にしていた。ところが文字通り「人生100年時代」が荒唐無稽《こうとうむけい》な話ではない今、元気なうちは生涯現役として働くことが当然のように求められる。

そのため、長い仕事期間を乗り切るには、学び直しによって新たな技能を身につけて何度もキャリアを変えていくこと（いわばマルチキャリア）が求められている。もちろんそれは間違ってはいないが、実際に新たなキャリアを身につけることは簡単ではない。自分が長く育《はぐく》んできた個性は容易に修正できないので、自由自在にキャリアをチェンジできるわけではない。むしろ、今までの自分をきちんと把握したうえで変わることが求められる。

人は「変身」していきなり自分を変えることはできない。過去からの流れの中で徐々に変わるのである。むしろ自分の立ち位置や物事の捉え方が変化すると考えた方がいいだろう。本書で述べる転身は、自分自身の中身を変える変身ではない。あくまでも現在の自分をどのように活かすかがポイントで、転身先だけを考えてはうまくいかない。人にとっては立ち位置を変えるだけでも大変な作業であり、場合によっては人生を賭《か》けるつもりで取り組まなければならない。

現在の自分を基本に置いて、そこから専門性を高めたり、今まで培ったスキルや経験を活かせる分野を広げながら、生涯現役を目指す形が理想的だろう。思うままに自己のキャリアを変えることはできないのである。私自身も、フルタイムの会社員から著述業や大学教員に転じたが、両者はすべてつながっていて、異なることに取り組んでいる意識はなかった。

この「転身力」という概念は、学校を卒業して仕事を始めたばかりの人や、とにかく今の立場を維持することが第一の人にとってはあまり意味を持たないだろう。目の前に真剣に取り組むべき仕事がある人はそれに集中すべきである。

むしろ、ある一定の期間は仕事に注力してきたが、これからの自分の進む道筋や方向性に思い惑う人が対象と言えそうだ。私自身の取材や体験においても、中年期に転換点が訪れ、「働くこと、生きることとは何か」を問い直すようになる人は少なくないのである。

転身するのに特別な技術は要らない。でも、ちょっとしたコツはありそうだ。さまざまな人たちの実例を知り、それを自分に重ね合わせてヒントを得ることで、自分だけの物語が見えてくるかもしれない。そうなることを願ってやまない。変わりたいとは考えているが周囲の状況から身動きがとれないと感じている人、また今までとは異なる世界に積極的に飛び込む際のヒントを得たい人にとって、この「転身力」の考え方がささやかでもヒントになれば望外の幸せである。

転身力　目次

第2章　転身の3条件
――行動、語り、大義名分

第6章　人間万事塞翁が馬
――挫折、不遇はチャンス

第7章　「好き」を極めてこそ
――子どもの無邪気さ

文中に登場する人物の年齢・所属・肩書き等は、特記がない限り、取材当時のものです。

転身力

第1章　なぜ転身力なのか

——「新たな自分」を発見する

転身のいろいろ

「転身」という言葉を聞いてどんな人たちを思い浮かべるだろうか。プロローグではプロ野球の木村拓也選手が、試合に出場するためにあらゆる守備のポジションをこなし、スイッチヒッターに転向して現役を長く続けた努力を見てきた。

プロ野球選手を一つのキャリアとして見ると、中日ドラゴンズの山本昌《やまもとまさ》投手のように50歳で引退するまで「レジェンド」と呼ばれながらプレーした選手もいれば、かつて高校野球で怪物と呼ばれた元巨人の江川卓《えがわすぐる》は、プロでもエースとして活躍したが9年で引退している。

サッカー選手でも、50代になってなお現役を続けている三浦知良《みうらかずよし》選手もいれば、中田英寿《なかたひでとし》選手は30歳を前に引退して多方面で活躍している。

芸能界でも、大橋巨泉《おおはしきょせん》のようにまだまだ現役でやれる余力を残しながら早期リタイアした人もいれば、森光子《もりみつこ》は90歳まで女優として現役を続けた。新たに別の職業に就くだけではなく、引退や悠々自適の生活ももちろん一つの転身であることは間違いない。米大リーガーの大谷翔平選手は、従来は別の役割だと考えられていた投手と打者の両方に取り組む二刀流で本場の野球ファンに驚きを与えている。

のちにも述べるが、かつてグループサウンズの中で最高の人気を誇っていたザ・タイガースのメンバーの瞳《ひとみ》みのるは、24歳で引退して大学で学び、慶應義塾《けいおうぎじゅく》高校の教師になって33年間教壇に立った。その後は60歳を越えてから再び音楽活動に取り組んでいる。

また伊丹十三《いたみじゅうぞう》のように、商業デザイナー、イラストレーター、俳優、エッセイスト、作家、映画監督などと次から次へと多彩な転身を図る人もいる。似たようなキャリアとしては、俳優、ラジオのパーソナリティー、小説家などとして活躍するマルチタレントのリリー・フランキーもいる。

一方で、映画評論家の淀川長治《よどがわながはる》や魚類学者でタレントのさかなクンは、一つのことに取り組み、周囲から見れば、転身というよりも一本道を生き抜いているように見える。

銀行員からシンガーソングライター、作詞家、作曲家に転じた小椋佳《おぐらけい》や、同じく起業家に転じた楽天の三木谷浩史《みきたにひろし》、損害保険会社の社員からイラストレーターに転じたわたせせいぞうなどもいる。著名な人だけでなく、私の取材でも会社員から蕎麦《そば》店の店主になったり、コンサルタントや社会保険労務士で独立する人、会社での経験を活かして起業する人など、転機の迎え方は本当に多種多様である。

何度でも藤田まこと

私が転身ということで一番初めに頭に浮かぶのは俳優の藤田《ふじた》まことである。当時小学生の私が楽しみにしていたテレビドラマ「てなもんや三度笠《さんどがさ》」（放送開始は1962年。以下同様）のあんかけの時次郎《ときじろう》、高校生の時に始まってお茶の間に衝撃を与えた「必殺仕置人」（1973年）の中村主水《なかむらもんど》、その後のバブル期に始まった「はぐれ刑事純情派」（1988年）の安浦《やすうら》刑事、晩年にライフワークとして取り組んだ「剣客商売」（1998年）の秋山小兵衛《あきやまこへえ》など、キャラクターの異なる役柄をこなし、何度でも転身して復活してくるイメージだ。

しかも、それぞれの番組で高い視聴率を叩き出し、「はぐれ刑事純情派」は正月恒例の特番になるなど、話題を呼ぶ作品が多かった。また、これらのテレビ番組のほかにも、ミュージカル「その男ゾルバ」、舞台「東海林太郎《しょうじたろう》物語」、映画「明日《あした》への遺言」で異なるキャラクターで主役を演じていた。

時代劇「必殺仕事人」撮影現場の藤田まこと。2009年5月撮影。写真提供、共同通信社。

彼の著書の中に記されているキャリアは、決して順調なものではない。「てなもんや三度笠」では、64・8%という驚異的な視聴率を記録したが6年経って終了。その反動も大きかった。その後は仕事も激減して、全国のキャバレー回りを中心に活動し、トイレで衣装の着替えをするといった苦労も経験している。「必殺仕置人」の話が来た時は、「てなもんや三度笠」が終わって5年が過ぎていた。

また、藤田自身の仕事は順調でも、バブルの崩壊もあって、家族が始めたビジネスで背負った多額の借金を肩代わりしたこともある。その際の借金地獄の実態や多くの修羅場をくぐったことについても著書で本音を語っている。それらすべてが、多様な役柄を演じるうえで芸の肥やしになっていると思える。

著書の中では、自らの転機についても率直に披瀝《ひれき》している。『最期』では終盤を迎えた自分の人生を振り返りながら、愛情を注いだ家族のことを思い起こし、もう若くはないと感じている人々に対してエールを送っている。

映画「男はつらいよ」の寅《とら》さん役で国民的人気を博した渥美清《あつみきよし》は、藤田と同じく喜劇の舞台が出発点だった。2人とも大衆から圧倒的な支持を得た俳優だが、風来坊の車寅次郎《くるまとらじろう》と一体化したとも思える渥美のキャラクターに比べると、次から次へと異なる顔が登場する藤田は対照的である。どちらがいいとは言えないが、私自身は藤田まことの多面的な役者人生に興味を惹《ひ》かれるのである。

複数の世界を経験し、異なる役割を担いながら、人生を過ごすという生き方は豊かだ。転身した人の顔つきのよさは、こうした多様な体験から来ているように思える。

現代の企業社会では単一のアイデンティティを求められがちだが、本来複数ある自己イメージを簡単に切り捨てないことが大切である。人生は長くなっている。中年期以降は特にそうである。

40歳当時の糸井重里

ウェブサイト「ほぼ日刊イトイ新聞」などのコンテンツを制作、運営する「株式会社ほぼ日《にち》」をご存じだろうか。代表取締役社長の糸井重里《いといしげさと》は、50歳になる年にコピーライターから転身して会社を立ち上げ、68歳で株式上場を果たした。

私が初めて彼の名前を知ったのは、1980年に歌謡番組「ザ・ベストテン」でだった。沢田研二《さわだけんじ》がパラシュートを背負いながら「TOKIO」を歌っていて、「また阿久悠《あくゆう》が奇抜な歌詞を書いたのか」と思って見ていると、「作詞：糸井重里」というテロップが出て誰だろうと興味を惹かれた。

その後も彼は、コピーライターという枠にとどまらず、エッセイスト、タレント、作詞家として幅広く活躍している。

『日本経済新聞』（2019年1月5日）の「スキルアップ塾」でのインタビューによると、広告の仕事に限界を感じた40代の頃、仕事をせずに年間140日ほど釣りばかりしていた2年間があったという。その時期を経て、どうせ生きるならもっと面白いこともやりたいし、釣りばかりしていてもいけないとも思ったそうだ。

絶対に嫌だと思う仕事を引き受けるのをやめ、厳選するとのスタンスを決めた。そして50歳になる年にインターネットに魅せられ、「ほぼ日刊イトイ新聞」という自前のメディアを始めたという。それが今につながっている。

また、雑誌『AERA《アエラ》』（2014年11月3日号）の特集「40歳は、惑う。」には、「ゼロになってちゃんともがく」という糸井重里の談話が掲載されている。40歳当時を振り返って「暗いトンネルに入ったみたいでつらかったのを覚えている。絶対に戻りたくない、というくらいにね」と語っている。40歳を越えた途端に今までの自分では通用しなくなるのではないかと感じ始めたというのだ。

仕事で迎えの車が来るのを断り、釣りを始めたりした。ゼロになってもがいた40歳からの10年間がなかったら「ほぼ日刊イトイ新聞」はできなかったと述べている。

あの糸井重里でも長く暗いトンネルに入った時期があったとは意外だった。たしかに40歳にもなれば、勢いという意味では若い頃のようにはいかない。どんな仕事においても単なるプレーヤーだけではすまされなくなる。夫婦関係や子育てなど家庭においても変化が生じやすい時期だ。彼もそうした中でもがいていたのかもしれない。一つの転機でもあったのだろう。

糸井の話は、「もう一度、人生が始まる」と考える中高年の後輩に対して、またとないアドバイスであり、先達からの励ましだとも言える。同時にその当時のもがいた経験が次のステップにつながることも教えてくれる。

糸井が語る40歳を越えたタイミングでの悩みは、寿命が急速に延びた現代人において共通している問題であろう。私の取材でも40歳を過ぎたあたりから迷い出す人は本当に多い。中年期で転換点が訪れて、「働くことの意味」や「生きることとは何か」を自ら問い直すようになる。現代人のライフサイクル上の課題として生じるものだと言ってもいいかもしれない。

人生の後半戦を今まで通りの右肩上がり的な働き方を続けることはできない。どこかで新たな価値観で生き直すことが求められる。ただその切り替えは簡単ではない。糸井の場合は、いったん釣りに没入することによってその危機を乗り切ることができたと語っているように思える。

フリーランスと会社員

この『AERA』の特集では、40歳前後のベンチャー企業の社長、芸人、作家、スポーツ選手、弁護士、映画監督、会社員などが登場している。会社員のいろいろな声も紹介されていた。それを読んでいると、フリーランスに比べて会社員の転身の難しさも同時に感じ取れる。具体的には「下は育たず上は詰まっていて仕事内容の進化が期待できない」「希望とは違う仕事に異動になって行き詰まり感がある」「業界の景気がよくなくて、個人がいくら頑張っても部署が黒字にならない」「若手の採用がなく大勢の年長者がいるため会社に未来を感じられない」などだ。

私は会社員当時、自分の働き方のヒントを求めて取材を続けていて、主な対象は会社員からの転身者だった。会社員と個人事業主やフリーランスとの転身の基本は変わらない。自分の可能性に対する作業は同じであるからだ。

しかし会社員の場合は分業制の中で仕事に取り組んでいるので、組織内のルールや人間関係の制約があり、裁量で処理できる範囲が狭い。また、日本の組織での人間関係は、欧米に比べて機能的なつながりよりも心情的な結びつきが強い。このようなしがらみの中で、自分の可能性を探す作業を行わなければならない。常に他人や置かれた状況との相互関係に規定されているので、個人として動きづらい。

組織の中に長くいると、どうしても頭の中で枠組みを作ってしまって、自らの可能性を広げる行動を妨げがちになる。一番関心があるのは自分自身なのに、自分が何をしたいかよりも他人がどう思っているかを優先しがちである。もちろん、会社員が自分を変えようといきなり組織から独立することは簡単ではない。

また、長い間に働いて得た組織内でのポジションや安定した収入を守ろうとする意識が、転身を検討する活動を押しとどめることもある。その意味でも、のびのびと自分の可能性にチャレンジすることはたやすくない。

現在の日本では、雇用者の割合が非常に高く、何らかの形で組織で働いている人が中心であろう。会社員の場合は、同じ会社員の転身のケースを参考にすることが有効である。読者も現役会社員、元会社員の人が多いと思われるので、まずは私が取り組んだ取材の体験談を少し紹介しておきたい。それは私自身の転身物語の一部でもある。

一筋の光明

私自身は、40代後半以降、自分の働き方を大きく転換した経緯がある。生命保険会社に勤めていた47歳の時、転勤に伴う環境変化がきっかけで体調を崩し、長期間休職した。それまで健康面は何の問題もなく、会社生活も他人から見れば順調そのものであった。

ただ、40歳で体験した阪神・淡路大震災の直後ぐらいから、このまま会社勤めを続けることでいいのかと迷い出していた。会社の仕事に対する熱意も徐々に失われていった。その間は、競馬場に行ったり、アジア各国を一人で旅したりして気分を紛らわしていた。

休職から復帰した50歳当時には体調も完全に戻っていたが、会社のルールで支社長や担当部長などの役職を失って平社員になった。以前はかなりのハードワークをこなしていたが、仕事の負担が軽くなって、自由になる時間も増えた。

ところが、いざ余裕ができると今度は何をしていいのか分からない。いかに自分が会社にぶら下がって生きていたかを痛感した。会社の同期と比較して、すべてを失ったように思えて落ち込むこともあった。

それを機会に、まずは定年退職した会社の先輩に話を聞き始めた。数人に会って感じたのは、彼らが現役時代よりも元気がなかったことだ。ある先輩は声をひそめて「楠木君よ、実はこのまま歳《とし》を取って死んでいくと思うとたまらない気持ちになることがあるんだ」とまで語ってくれた。また「毎日が退屈極まりない」と語る人もいた。

そんな時にある新聞記事の内容を思い起こしていた。休職した翌年の2003年の元日、私の目に飛び込んできたのは「元気のお年玉」という『朝日新聞』の記事だった。

日本工業新聞大阪本社の経済部長から、月刊紙『日本一明るい経済新聞』の、たった一人の記者兼編集長に転身した竹原信夫《たけはらのぶお》さん（当時54歳）が紹介されていた。

その新聞は、オレンジ色の表題でタブロイド判8ページ、大阪市内を中心に月1回発行していた。特徴は、タイトルにもあるように「明るい」「元気な」ニュースしか掲載しないことだ。竹原さんは大阪市内を自転車で回りながら、毎月およそ40社の中小・零細企業の社長、商店主に取材。経営ノウハウをはじめ、新製品、新技術、ビジネスモデルなど幅広い情報を、業種にかかわらず、カラー写真とともに紙面いっぱいに紹介している。

竹原さんは40代後半に、元気で頑張っている中小企業を取り上げるミニコミ紙の発行を会社に提案して、赤字を出さないことを条件に認められた。仕事の合間に取材して深夜や週末に執筆していた。

41号を出した2000年の秋、人事で東京本社経済部長の内示を受けた。52歳の時だった。栄転ではあったが戸惑いを隠せなかった。長く大阪で培った記者としてのネットワークを失うのは辛い。大阪で独り暮らしをしている母親の世話のことも考えた。転勤は断りたいが、それは長年にわたって自分を育ててくれた会社の命令に背くことになってしまう。いっそのこと退職することも頭に浮かぶが、多額の自宅のローンが残っている。

重い気持ちでいた晩に、妻は「辞めてもええんよ」と声をかけた。ホッとするとともに、収入のあてがないまま内示の2日後に辞表を書いた。その前夜は一睡もできなかったそうだ。会社はミニコミ紙の廃刊を検討したが、竹原さんは会社に掛け合い、43号まで続いた新聞の題字を譲り受けた。そして2001年1月、独立第1号（44号）の『日本一明るい経済新聞』を発刊した。

「頑張っている中小企業を応援したい」という自らの思い、迷った末に書いた辞表、見守る家族との対話。その記事の一つ一つが私の心にしみた。また、なぜ内示の2日後に思い切って退職できたのか不思議でもあった。「自分の求めていることのヒントがこの記事にあるのではないか」。先が見えない迷いの中で、紙面にある竹原さんの笑顔が一筋の光明のように感じられて、しばらく頭から離れなかった。

記事を読んだ2年後、印刷会社の2階にある事務所に伺った時には、竹原さんの取材の話をいろいろと聞くことができた。明るい話題を引き出すコツは笑顔を絶やさないことだと語ってくれた。

実は２０２１年、16年ぶりに竹原さんにお会いした。彼の主宰する勉強会で話す機会もいただいた。73歳になっても新聞の発行を続けていて、月に1回、家族総出で新聞の発送の作業も行っている。自ら進行役を務めるラジオ番組を持ち、テレビにもときどき登場している。まさに生涯現役である。かつて新聞の紙面で見た笑顔は変わっていなかった。50歳当時の私の直感は当たっていたのである。

インタビューに没頭

休職後、会社に復帰して新たな仕事に慣れてくると、竹原さんのように中高年になって会社員から転身して起業や独立した人に話を聞き始めた。

その時は、なぜこんなに会社員から転身した人たちに興味が湧《わ》くのか分からなかったが、自分のこれからの生き方、働き方に対して何かヒントになりそうだということは感じていた。マスコミ（新聞、雑誌、テレビ）やミニコミ（地元のタウン誌、各種ウェブサイトなど）、大型書店にある転職・独立コーナーの書籍や雑誌、友人のツテなどへのアプローチ、家族への協力依頼など、可能な限りの手を打った。当時は平社員だったので時間的な余裕もあった。

起業家の養成に携わっていた組織やＮＰＯ（非営利団体）、ボランティア団体、市会議員事務局、社会保険労務士や税理士事務所などにも自ら足を運んだ。そうすると、私にとって興味の湧く転身（キャリアチェンジ）をした人が関西だけでも相当の人数見つかった。

厚かましくも電話やメール、文書などでお願いすると、不思議なほど会ってもらえた。頼まれた取材ではなく、自らの渇望感から真剣に依頼していたことが相手に伝わったからかもしれない。

動き出すと次々と話を聞きたい人が増えていった。インタビューに協力いただいた人が知人を紹介してくれることもあった。ある会合に出席すると、リストアップしていた東京在住の転身者と偶然に出会う、という幸運にも恵まれた。

今から考えると、自分でインタビューの対象者を探していた当時が懐かしい。部屋に貼《は》っていたカレンダーに連休があると、取材の予定者リストを見ながら「また話が聞きに行ける」と嬉《うれ》しい気分になった。

土曜日には朝昼晩と掛け持ちで3人の長時間インタビューをこなしたこともある。知人の新聞記者からは、それでは体をこわすと忠告を受けた。こんなに一つのことに没頭したのは生まれて初めてだった。

今までインタビューなどしたことがなかったので、取材に来た新聞記者に教えを乞《こ》うた。「基本的なマナーさえ守れば、あとは場数をこなすことです。新聞記者も現場で学ぶのであって、研修や定型的なマニュアルはありません」と言われ、自分なりにやればいいのだと励まされた。

「聞くべき重要なポイントを落としてしまうことがあるのです」との私の問いには、「私たちでも、そんなのしょっちゅうあります」と笑って安心させてくれたうえで、「楠木さんのやっていることは、テーマを追いかけている記者の仕事です」と勇気づけてくれた。当時は、先方の了解を得てレコーダーで録音しながら話を聞き続けた。それを時間のある時に書き起こしていた。

「転身して『いい顔』になっている」が私の探していた条件だったので、できる

○メーカーの部長職 → 美容師
○生保会社の部長職 → 保険分野の大学教授
○総合商社の営業マン → 物書き
○信用金庫支店長 → ユーモアコンサルタント
○鉄鋼会社の社員 → 蕎麦打ち職人
○電機メーカーの管理職 → 高校の校長
○小学校教師 → 市議会議員
○損害保険会社の社員 → トマト農家
○市役所の職員 → 大道芸人
○薬品会社の人事担当役員 → セミナー講師
○メーカーの技術者 → 翻訳家
○メーカーの営業マン → 墓石販売会社起業
○通信会社の社員 → 提灯職人
○スーパーの社員 → 口笛奏者
○外資系企業の営業マン → 地元のＮＰＯの常務理事
○ゼネコンの社員 → 社会保険労務士
○広告会社のプランナー → 料理店のオーナー
○市役所職員 → 竹細工職人
○製薬会社の営業マン → 釣具店のオーナー
○放送会社の記者 → 落語家

だけ申し込む前に本人の顔つきを見るように心がけた（「いい顔」とはルックスのことではなくて、内面の価値観に従って行動しているかどうか、他人の役に立つことを目指しているかの基準にしている）。会社員から転身して釣具店や蕎麦店などを開業している場合は、事前に客として店を訪問した。コンサルタントの場合は依頼する前にセミナーに参加して、その人の顔つきを確認するようにしていた。当時の協力いただいた方の一部を紹介すると別表の通りである。

一定規模以上の組織で働いている転身者には、業種は異なっても組織との関係は共通の基盤とでもいうべきものがある。私も現役の会社員だったので、話を聞くのに相手とのギャップはそれほど感じなかった。また彼らの多くは、転身した経緯を自ら積極的に話してくれた。

老年期への通過儀礼

このような転身者の取材を続けながら職場で周りを見回すと、私と同様に組織で働く意味に悩んでいる人が思いのほか多いことに気づいた。

同じ会社で長く働き続けることで、仕事に飽きることや人間関係で悩むこともある。管理職になって部下との仕事のやり方に悩む場面もあるだろう。周囲から見れば、会社での評価も得て、仕事にも適応して経済的にも安定しているにもかかわらず、何か満たされないものを抱えている人が多かった。同時に家庭での悩み事を持っている人もいる。

その後も社外の数多くの会社員や転身者に話を聞いた。

若い頃は会社の仕事一筋で頑張ってきた人も、40歳ぐらいから「自分はこのままでいいのだろうか？」と疑問を抱くことが少なくない。新しい刺激がなくなり、管理職になれば現場からも離れるので、どうしても仕事のやりがいや手ごたえが得にくくなりがちだ。さらに、組織内での自分の行く末も見えてきて、若い頃のような出世や成長への意欲も失われてくる。長く同じ価値観を持った組織で働くことによってマンネリになることもある。

取材した時の彼らの言葉を最大公約数的に言えば、「誰の役に立っているのか分からない」「成長している実感が得られない」「このまま時間が流れていっていいのだろうか？」の3つであった。

私は多くの会社員が働く意味に悩むこの状態を「こころの定年」と名付けてみた。そして「どうすれば充実した会社人生を送ることができるのか」をテーマに、会社員を続けながら執筆を始め、転身に関わる「キャリアチェンジ研究会」を大阪で立ち上げた。

この「こころの定年」は単に会社員だけに限った話ではない。先ほどの40歳で「ゼロになってチャンともがく」の糸井重里もそうだ。また、建築家の安藤忠雄《あんどうただお》は対談の中で、「建築の設計をする人間っていうのは、（中略）もっと面白いもの、もっとすごい空間をつくろうと思い続けている気持ちが必要なんですね。でも、見ていると、まずそれがなくなっていくんですよ」「大体、四十五ぐらいになったらなくなっていきますね。そのいちばん大きな理由は、若いときに、建築家になるときに、有名になりたい、金をもうけたい、社会的地位を持ちたいとかいうところから始めるからなんですね」と言っている（沢木耕太郎《さわきこうたろう》編著『陶酔と覚醒』）。これも、私から言えば「こころの定年」状態の一つの表れなのである。

そしてここ数年、定年後の人たちを取材してきたことも考えると、この「こころの定年」を乗り越えることが豊かな老年期を過ごすための通過儀礼でもあると考えている。つまり、この40代からの「こころの定年」に正面から向き合って、「新たな自分」を発見すれば、老年期は比較的スムーズに過ごせる。70歳ぐらいまでは大丈夫という感じなのである。逆に、ここでの変化がないと定年後の過ごし方にかなり工夫が必要になってくる。この中年期は人生にとって大きなポイントなのである。

年齢と自己実現の関係

転身力を検討する際には、年齢の問題も大きい。自分の知らない世界も多くて、仕事にまだまだ刺激を感じている若い世代では、転身に対して興味を持つ人は少ないだろう。またその必要もない。働いている組織の中に目標や手本にできる人がいる場合もそうだ。

そのため20代や30代前半では、転身という形にはならない場合が多い。また、若い時は自分自身の立ち位置を見定めることが難しい。転身というのは、やはり一定期間仕事に取り組んできていったん立ち止まった時に考えるものだと言えそうである。

私は30代後半ぐらいから、会社内の仕事は手の内に入ったと実感するとともに、社内の仕事で新たな刺激を感じにくくなった。同時に、社内に目標とする人もいなくなった。転職エージェントの会社に行ってみたこともあるが、仕事の内容や収入、社内の人間関係にはそれほど不満がないことに気がついた。組織で働くことにある程度満足していたが、会社の仕事以外のこともやりたいのだとなんとなく分かったのである。

また、会社組織との関係の変化が転身のきっかけになる場合は少なくない。たとえば、左遷や合併などに遭遇したケースだ。30代ぐらいまでであれば、左遷や合併で立場の変化に不安を感じても目の前の仕事に注力することが次の展望を開く可能性が高い。そのため、転身を考える必要はなさそうだ。ところが40代以降になると、組織内での敗者復活の機会は少ないので、思い惑うことにつながる。

だからといって若い時の仕事ぶりが転身とは無関係であるということではない。会社員から転身した人の話を聞いていると、若いうちは会社人間だったケースが多い。会社の仕事に没頭した経験を持っている人がほとんどである。そこで獲得した社会人としての基礎力や仕事を効率的に回すスキルが転身する際に役立つからである。

若い頃の目標は昇進や昇給であるにしても、中高年以降では「今まで気がつかなかった自分」を発見することが一つのテーマなのである。

先日、2回続けてタクシーの新人ドライバーに出会った。初めは京都で乗車した20代の女性ドライバーだった。タクシー運転手になった理由を聞くと、彼女は「将来は観光の仕事をしたいので、まずはタクシーで京都のことを学びたい」と答えてくれた。

2人目は、タクシー会社に入社し、乗車を始めて2週間ぐらいだという50歳の元建設会社社員だ。彼にも転職した理由を聞くと、仕事や会社は嫌じゃなかったが、このまま会社員を続けるのはどうだろうかと10年ほどずっと迷っていた。何か自分が主体的にやれる仕事を探していたのだそうだ。給与は下がったがいろいろ学べることが多いので頑張っていきたいと語っていた。

2人の新人ドライバーとの出会いは、私にとってとても気分のいいものだった。若い時の自己実現は、女性ドライバーのように見聞を広めて新たな経験を積みながら自らのキャリアの道筋を作っていくことだ。

一方で中高年以降の自己実現は、男性ドライバーのように今までとは違う新たな自分を発見することではないか。自分が本当に大切だと思うことに時間もお金も使うステージに向かう。自分の可能性はいくつになっても追い求めていいのだ。転身には、このような年齢との関係も大きいのである。

フォーカスされる転身

本書の執筆中、「カンニング竹山《たけやま》の新しい人生、始めます!」（BSテレ東）という番組が毎週放送されていることを知った。

2019年4月からほぼ1年間オンエアされていた情報バラエティ番組である。番組の公式サイトには、「〝人生100年時代〟といわれる長い人生を楽しく生きるために、『移住』『開業』『再就職』『健康』『資産運用』『相続』『趣味』などなど、40歳代から知っておきたい、新しい人生の選択肢となる生活をしている方や情報を紹介していきます!」と概要が書かれていた。実際の番組では、転身した人たちのリアルなキャリアプロセスとその現状を紹介することが中心だった。

具体的には、「横浜の人気パン屋になった銀行員」「55歳で大分にUターン自給自足」「57歳で退職…勝浦《かつうら》で遊覧船を開業」「元中日ドラゴンズ投手がわらび餅《もち》職人へ」など、転身した人たちが毎週紹介されていた。私が当初取材した転身者たちと近い人々だった。以前に取材でお世話になった人が登場することもあった。

私が取材に没頭していた20年ほど前は、テレビ番組が転身者を毎週取り上げるなど考えられなかった。当時、私が取材していた転身者の一覧表（17頁）を見せながら、知人のプロデューサーにテレビ番組としての可能性を聞いたことがある。彼の回答は、毎週のレギュラー番組はとても無理で、報道番組中で扱う単発ものがせいぜいだろうというものだった。そのことが頭にあったので、「新しい人生、始めます！」に関心を持ったのである。当時は、「日曜ビッグバラエティ」（テレビ東京）という番組で、脱サラ特集のような形で紹介されるぐらいだった。

またテレビ朝日系列の「人生の楽園」（毎週土曜）は、2000年に始まって現在も続いている。主に50代以上の夫婦が、店を始めたり農業を営んだりで、新しいビジネスや町おこしの仕事に取り組む様子を伝えている。第二の人生を歩む姿を、周囲の人々との交流を交えて描くドキュメンタリー番組である。

この番組では、主に現在の状況を紹介する内容が中心で、転身がテーマではない。テレビを見ながら「転身のプロセスをもっと知りたい」という欲求に何度もかられたことを覚えている。もちろんこれは私が求めているものとの関係の話であって、長く続く優良番組であることは間違いない。かつてこの番組に登場した夫婦に取材を含めて何度か話を聞いたことがあるが、番組制作にいかに多くの時間と労力をかけているかを知って驚いた。

最近では、転身だけにフォーカスしていないが、NHKでも「逆転人生」というテレビ番組があった（2019年4月〜22年3月）。50代後半で将棋の駒《こま》を作る職人に転身した人や、多額の親の借金を返済した経験をもとに借金地獄に苦しむ人々を救済する活動を始めた男性などを紹介している。

私は、2007年3月から『朝日新聞』の土曜版で「こころの定年」と題して、転身した人たちを実名で紹介するコラムを1年余り連載していた。当時、転身を正面から取り上げた連載はビジネス誌『週刊ダイヤモンド』の「転→展→天職」という記事があるぐらいだった。

昨今では連載なども増えている。「さらばリーマン」（筆者は溝口敦《みぞぐちあつし》、ビジネスオピニオン誌『ウェッジ』連載）では、起業した人、故郷に戻って第二の人生を過ごす人、職人に転身した人、趣味を活かした人など、幅広く転身した多くの人を取材している。連載は『さらば！サラリーマン――脱サラ40人の成功例』の書名で書籍化されている。『六〇歳から始める小さな仕事』（瀬川正仁《せがわまさひと》著）という本は、普通のサラリーマンが退職後、現役時代と全く違う仕事にチャレンジする歩みを丁寧に描いている。

また2016年は、寿命100年時代の人生戦略を説いた『LIFE SHIFT《ライフシフト》』（リンダ・グラットン、アンドリュー・スコット著）がベストセラーとなり、変化に対応する転身も含めた議論が盛り込まれている。このライフシフトをテーマにした書籍や研究会、団体などいろいろな試みが増えている。

老いや死に対応

これらのテレビ番組や書籍、雑誌で転身がクローズアップされているのは、単に寿命が延びているからだけではないだろう。会社内や家庭生活でもＩＴ（情報技術）の進展や昨今のコロナ禍におけるリモートワークなどの変化は激しくて、今までと同じやり方ではついていけない状況になっている。

また社会においても、地域や会社などの共同体に長くいれば長老などと敬ってくれる時代は終わっている。そう考えると、日本の戦前の家制度も自由が制限されたデメリットはあったが、「○○家」の枠内では自分の死後も子孫が守ってくれるという安心感はあったのだろう。今や共同体は弱体化しているので、従来のやり方に固執したままで一生を過ごすことは困難である。どこかで転身をしないと対応できなくなっている。

ライフサイクルで考えてみると、人生のステージでは若いうちに大きなイベントが続く。子ども時代、学生時代、学校卒業後の就職、結婚して家庭を持ち、子どもを育てる人も多い。教育を受けて社会的な活動を続けながら中高年以降の長い時期を過ごすことになる。また人生で何ができるかという観点で見れば、体力や気力が衰え始めてからずいぶん長い人生が残っている。

若い時のように、正解は一つしかないと考えて、目標達成のために効率一辺倒で取り組もうとすれば、その後の老いや死に対応できなくなる。老いや死とどのように折り合いをつけていくかを中高年の時期に検討しなければならない。

やはり、今までとは異なる顔を持つことや、もう一人の自分を発見するという転身が大切になってくる。逆に、中高年のタイミングで自分の位置づけを変更、修正できれば、スムーズに老年以降に移行できるのではないか。

世の中はもちろん変化するが、何よりも本人が歳を取ることによって変わっていく。私も文章を書き始めた50歳と現在の67歳では相当変わった。作家の五木寛之《いつきひろゆき》は、浄土真宗の宗祖である親鸞《しんらん》の思想は85歳と25歳で大きく違っているという（『作家のおしごと』）。人生の各ステージには、それぞれにふさわしい過ごし方がある。少年期の成長、青年期の大志と不安、壮年期の充実、中年期の成熟、高年期の老成など、しかるべき人生のステージに応じて変化しなければならない。

環境変化よりも自分の変化、それも加齢によるものが大きいのではないか。逆に言えば、よりよい歳の取り方が一番のポイントである。こうして論じている転身も、最終的には魅力的な年齢の重ね方に関係していく。

そういった意味では、中高年以降は、間違っても社会や他人の評価、または効率がよくて有利だからといった側面だけで考えてはいけない。自分の年齢の重ね方はどうかという自問自答がとても大切になってくる。

第2章　転身の3条件
――行動、語り、大義名分

転身の形態

本書で取り上げる転身の形態について述べておきたい。

転身というと、第1章（17頁）の一覧表にあるように、会社員から職人、社会保険労務士、美容師、蕎麦打ち職人といった異なる職業や仕事にいきなり変わることだと考えがちである。私の当初の取材対象も、異業種への転身を果たした人たちだった。繰り返しになるが、転身はあくまでも自分の可能性を高める活動である。自分自身を活かすところにポイントがあるので、私はもう少し幅広く捉えた方がよいと考えている。ここでの転身の分類自体は大きな意味を持たないが、頭の整理として述べておきたい。

異なる立場に移行して仕事を変更する場合を①「A↓B」型（第1章の一覧表はこのタイプ）とすれば、今までの職業をそのまま維持しながら異なる立場を並行して進める形態もある。一般には、二足の草鞋《わらじ》とか二刀流とか呼ばれるケースである。これを②「AとB並行」型と名付けてみる。これは、「A↓B」型に至る過渡期のケースと、この「AとB並行」型自体がゴールになる場合がある。

たとえば、会社員の仕事をしながらビジネス小説を書き始め、数年後には小説家として一本立ちするケースでは、会社員とビジネス小説を書く立場を並行して進めている場合も一つの転身であるが、同時に小説家として独立するための過渡期でもある。その後に小説家一本で独立すれば会社員から小説家への転身（「A↓B」型）が一応完成する。次のステップにいきなり移行するのは困難な場合があるので、次への準備のために「AとB並行」型にいったん身を置くケースが多い。

また③「A↓B↓A」型と呼ぶべき転身の形もある。私たちは年齢を経ながら取り組むことは変化していくが、途中でやり残したものも多い。以前の仕事で獲得したスキルや経験をもとに再び似たような仕事に取り組む場合や、子どもの頃に関心があったことや若い時にやり残したことを中高年以降になって再びやり始めるという形の転身もある。たとえば、若い頃からものづくりが好きだった人が、中年以降に職人の仕事に転じるケースなどだ。特に子どもの頃に憧れたことなどは、その人の深い部分に根差す場合が多いので、転身に際して困難なことがあっても乗り越えやすいというのが取材してきた実感である。

このように、自己の可能性を高めるために変化することを転身として幅広く捉える方がよいと考えている。

以前の仕事を活用

多くの転身プロセスを見ていると、「A→B」型に見えるケースでも、一定期間「AとB並行」型で過ごしている人は少なくない。

著名な作詞家である阿久悠は、明治大学を卒業後、広告代理店に入社してテレビCMの仕事やコピーライター、放送作家を経験した。その7年間の会社員生活に終止符を打ち、作詞家としての活動を本格化させている。

明治大学にある阿久悠記念館を訪れ、手書きの原稿やメモが書かれたノート、自宅書斎を再現した部屋を見ていると、単に作詞家にとどまらず幅広い作家活動を展開していたことがよく分かる。その原点として、若い会社員当時のコピーライターや放送作家の経験も大いに役に立っているのではないかと推測できた。

お笑いタレント、ラジオパーソナリティ、俳優などと活動の幅を広げている伊集院光《いじゅういんひかる》は、高校を中退して三遊亭楽太郎《さんゆうていらくたろう》（現在の六代目三遊亭圓楽《えんらく》）の弟子となり、三遊亭楽大《らくだい》として活動を始めている。彼は、師匠には内緒で「伊集院光」の名でラジオ番組に出演し始める。数年間は、落語家とラジオパーソナリティを並行して活動している。

これらの例はいずれも、一時期「AとB並行」型の期間を過ごしている。初めの仕事と転身した後の仕事を掛け持ちすることが相乗効果を生み出していることがうかがえる。やはり自分がやってきたことを踏まえて転身することが重要である。特に会社員からの転身としては、会社員と転身後の2つの顔をうまく使うというのは必須《ひっす》であると私は感じている。

ゼネコンの営業から人事部門への異動を申し出て人事部で働きながら社会保険労務士の資格試験に合格して独立した人、メーカーの研究部門に長く在籍して得た技術を活かして新たな分野の研究で起業した人、企業の研修部門で社内講師として活躍したのちに独立して社員研修を個人事業主として請け負う人、海外勤務の経験をもとに外国に進出しようとする中小企業相手のコンサルタントで活動する人、人事部門で得た知識や体験を活かして人事コンサルタントに転身した人、市役所勤務で50代になって仕事に関係のある公共政策学を大学院で学んで博士号を取得し大学教授になった人など、いずれも会社員または公務員での仕事経験を活かしている。こうしてみると、転身前と転身後それぞれの仕事の相乗効果がいかに大切かがよく分かる。

二刀流が目的に

2018年には大リーグのアメリカン・リーグで新人王、2021年にはシーズンMVP（最優秀選手）を獲得した大谷翔平選手は、投手と打者の二刀流で注目を浴びている。二刀流自体が一つの目的になっていると言っていいだろう。エンゼルスのキャンプ参加選手の一覧表には「投手」「捕手」などのポジションに加え、二刀流を意味する「Two-Way」の項目があると新聞が取り上げていた。他のチームにも二刀流を目指す選手が登場している。ある選手は「（大谷が）多くの選手に扉を開けてくれた」と語っている。大谷選手の二刀流が転身と言えるかどうかは微妙であるが、「投手」か「野手」かの二者択一しか考えていない選手にとっては、彼の二刀流は新たな転身モデルを提示したと言える。

映画「いのちの停車場」（吉永《よしなが》小百合《さゆり》主演）の原作者でもある作家の南《みなみ》杏子《きょうこ》は、大学卒業後、出版社勤務を経て、娘が生まれてから33歳で医学部に学士編入し、38歳で医師になった。現在は東京郊外の高齢者医療専門病院に内科医として勤務しつつ執筆活動を行っている。2016年、終末期医療や在宅医療を描いた『サイレント・ブレス』でデビューして以降、医療をテーマにしたミステリー作品を発表している。

『日本経済新聞』に載った取材記事（2021年6月7〜11日夕刊）を読むと、小説を書き始めたのは、子育てが一段落した２０１０年、49歳の時に夫と通ったカルチャーセンターの小説教室がきっかけだそうだ。

彼女が仕事で接する患者は激動の大正、昭和、平成を生き抜いた人々で、言葉に含蓄があり、気づきをもたらしてくれた。そのため小説の中に取り入れることがあるそうだ。彼女は医師と作家を並行して続けることで、自分の中に好循環が生まれると述べている。

また、『朝日新聞』のオピニオン面で、「二足のわらじ、広がるか」という記事（２０１８年10月17日）に登場した小説家の朱野《あけの》帰子《かえるこ》は、「副業という考え方には、女性の方が順応しやすいのかもしれませんね。子育てをしながらの仕事は、本業が二つあるようなものです」と述べている。彼女はさまざまな職場を舞台にした小説を執筆している。

この２人の女性小説家の話を聞いていると、２つの仕事や立場を同時に進めることは労力的には負担であっても、その相乗効果や互いに気分転換ができるメリットが大きいことがうかがえる。私の会社員生活でも、家庭での子育てと保険会社の仕事をうまく両立させながら働いていた女性の姿を見て、当時から２つ以上の役割を持つ重要性を感じていた。

また、会社員と物書きの仕事を10年近く並行して取り組んだ私の経験に照らしても、この気持ちは理解できる。２つの仕事を持つことにより、異なる種類の情報が入ってくるし、多様な人と出会うこともできた。特に企業での安定的な仕事と、リターンが見通せず振れ幅の大きい著述業を並行させると、両者の働き方が異なるので発見が多い。また、もう一つの顔を持つことが会社での仕事も効率的に進めることができたと実感している。中年以降も会社の仕事一本で働いている人は、表面的には力強いように見えても、一本足で立っている姿は意外に不安定なのである。

もちろん、こういった2つの顔を持つ働き方や生き方が唯一のものだとまで主張するつもりはない。それぞれの人の個性や立場は異なるからだ。ただ取材からは、転身を求めるビジネスパーソンにとって比較的フィット感の高い働き方であると考えている。

カムバック制度

『日本経済新聞』の記事（２０２１年4月12日）によると、最近は転職などで退職した人材を再び正社員として受け入れる企業が増えているそうだ。

記事にあったKさん（35歳）は、２０１１年に新卒で富士通に入社して金融インフラの構築に取り組み、連日深夜まで開発に没頭した。だが仕事が一段落すると、「顧客のサービスを企画する仕事がしたい」と15年に米国のコンサル会社に転職した。その後、富士通の社員と偶然一緒に働く機会があった時に基幹システムを長年担ってきた富士通に対する信頼の高さを間近に見て17年に復帰を決めたそうだ。いわば出戻り組である。

現在はシステム開発に携わっているが、コンサル会社で身につけた仕事術は富士通でも活きている。いったん社外に出て古巣の魅力に気がついたという。富士通ではKさんのように転職や留学を含む退職者を再雇用する「カムバック制度」を2016年に始めている。

かつては終身雇用を良しとする考え方もあって、いったん転職などで退職した人を再雇用することは基本的にはなかった。現在は人材の流動化や環境変化に対応するため他社での経験や専門性を自社に活かす考えに変わりつつある。このカムバックの考え方は、企業での転職だけではなく人生におけるキャリアにとっても幅広く有効である。

私たちは年齢を経ながら取り組むことは変化していくが、途中でやり残したものも多い。たとえば中学校でソフトテニスをやっていても高校に部活がなければ辞めてしまう。高校時代にロックバンドを組んでいても大学受験のために途中で解散することもある。大学時代に小説を書いていても食えないからと小説家になる夢を諦めるかもしれない。

やむを得ずいったんリタイアするものや、または環境変化によって途中で諦めたこと、新たなものを得るために断念したものもあるだろう。誰しもその時その時に完全に燃焼してけじめをつけるわけではない。何らかの形でやり残したことがあるのが普通であろう。

グループサウンズの伝説的バンド「ザ・タイガース」のドラマーとして活躍した瞳みのるは、絶頂期だった24歳の時に芸能界をスパッと引退し、1年間の猛勉強を経て慶應義塾大学に合格。音楽活動をやめてから37年間は、ザ・タイガースのメンバーを含め、芸能界の人と一度も会ったことはなかったと著書『ロング・グッバイのあとで』で述べている。慶應大学に進んだ私の高校の同級生は、いつも一番前に座って講義を聴いていた彼の姿を覚えているという。その後、中国文学の研究のため大学院に進学し、慶應義塾高校の教師になって33年間教壇に立った。元アイドルグループ「嵐」の櫻井翔《さくらいしょう》も教え子である。その後、60代半ばになって再び音楽活動を再開している。

２０１８年5月、私の地元の神戸新開地《しんかいち》で開催された野外コンサートに足を運んだ。時折中国語も織り交ぜながら楽しく歌い、ドラムを叩く彼の姿を見て、何とも言えず素晴らしいと思ったのである。アンコール曲はザ・タイガース時代の「シーサイド・バウンド」。彼のステップ指導よろしく、音楽に合わせて観客全員で踊り出した。音感もリズム感もない私でもなんとかステップが踏めたのが嬉しかった。瞳は音楽活動を再開する中で新たな自分に出会っているように、その表情からはうかがえた。

子どもの頃からものづくりが得意だった人が職人の世界に転じる、定年後に学生時代のバンド仲間と再び音楽活動を始めて孫にギターを教える、剣道五段の腕前を呼び起こして豆剣士を指導する。あるいは、卓球部で活躍した経験をもとに仲間に教える人、小学生の頃にテレビで見た海外の豊かな生活に憧れて海外移住を果たした人などなど。かつて自分の人生でやり残したことをもう一度呼び戻すことは、仕事でもプライベートでも意味があると思うのだ。若い時に諦めたことや、うまくいかなかったこと、後悔があったことは、必ずしも不幸なのではなく、中年以降のための貯金だったとも考えられるのだ。

偶然や直感が導く

20年ほど前、キャリア・コンサルタントの資格を取得するためにテキストを読んだ。新たな職業選択を行う際には、まずは自分自身を十分に理解(自己分析)する。そしてこれから選択するであろう職業について内容を把握する。そして自己理解と仕事の両者をマッチングさせる意思決定をして職業選択する。そう書いてあった。初めてテキストを読んだ時、計画的に、また理性的にキャリアを考えることができるのだと納得したものだった。

ところが、実際の場面ではそうなっていないことを何度も感じるようになった。就職活動に関する本を書く際に、ある大学のゼミ生に取材をした。会社訪問を始める5月に一人一人と個別に面談をして、志望する会社や業界とその志望理由を聞いてみた。そして大半の学生が内々定を得た秋に同じ学生に再び聞き取り調査を行った。

初めに志望していた会社にすんなり内定が決まった学生は、20人余りのうち1人だけだった。大半の大学生は、会社で面接を受ける中で、それほど興味のない会社だったが相手の人事担当者の人柄に惹かれて内定が決まったり、志望している会社だったが、その雰囲気がよいと思えず訪問するのをやめたり、といった試行錯誤を繰り返しながら活動していた。たまたま友人との付き合いで一緒に訪問した会社に決まった学生もいた。

頭で考えた内容通りに、実際の就職活動は全く進んでいない。彼らや彼女たちに予期していなかった就職先に決まった理由を聞くと、「直感です」「ご縁でしょう」「偶然でした」と回答した人が多かった。

転身者のインタビューでも、大半の人が計画的な意思決定ではなく、偶然と思われる出来事に遭遇して次のステップが見えてくることが多い。

スプレーアーティストの山本剛之《やまもとたかゆき》さんのケースを見てみよう。彼は大学卒業後に入社した物流関係の会社で、仕事にも慣れて落ち着いた生活を送れるようになっていた。ところがこのまま会社員で働くことでいいのか、何か自分自身で取り組めることはないかと漠然と考える毎日を送っていた。

そして2014年にたまたま家でYouTube《ユーチューブ》を見ていた際、外国人が短い時間で缶スプレーを使ってきれいに絵を仕上げる動画を見て衝撃を受ける。自身も真似《まね》してやってみると思ったよりもいい作品が描けたことで嬉しくなり、その日からスプレーアートに没頭するようになった。

会社員の傍らスプレーアートを始めて2年後、独立してやってみたいという気持ちが強くなり28歳で退職。2016年から日本初のスプレーアート専門店「グランローヴァ」を神戸元町《もとまち》に構え、関西を中心に活動を始めた。店舗では自ら制作した作品の展示販売やスプレーアートに関するイベントの打ち合わせなどを行っている。私自身も「転身」というテーマで作品制作を注文したことがある。画の左下の重苦しい黒い塊が、右上に進むに従って明るさと輝きを増すことを示すことによって、状況が好転する様子が表現されていると感じた。作品は私の机の上に置いている。

また山本さんは、保育園や商業施設、イベントなどで出張ワークショップを精力的に行い、自身の体験から新しいことにチャレンジする重要性も伝えている。31歳で「TVチャンピオン極～KIWAMI～」(テレビ東京)のスプレーアート王決定戦で優勝。関西を中心に多くのマスコミにも取り上げられている。

彼がYouTubeの動画をたまたま見てから独立するまでの経緯を聞きながら、なぜスプレーアートに惹かれたのかを尋ねると、少し間を置いて「当時は自分の中身が空っぽでそこに入るスペースがあったから」と答えてくれた。新たなものを求めている姿勢や何か行動しようとする意志があったので出合ったのだと私は解釈した。

NHKの「逆転人生」というテレビ番組で、かつては居酒屋を経営していたが、妻の交通事故死をきっかけに店をたたみ、40代から59歳で駒づくりに出合うまでに20を超える職を転々としていた遠藤正己《えんどうまさみ》さんを紹介していた。パブレストラン、寿司店、焼肉店、コンビニなどで働いたが、打ち込めるものが見つからなかった。高齢の母の介護もあって外に出るのも難しくなってきた。50代後半に、たまたまネットサーフィンをしていた時、近所で開催されるイベントを見つけた。将棋の駒の作品展示販売会だった。そこで一式10万円を超える作品を見て興味を持ち、これなら在宅でも仕事ができると思い、その場にいた駒師の師匠に「私にもできるでしょうか」と尋ね、すぐに弟子入りを志願した。その後は、半年後に初めて自分の作った駒が売れて、6年後には将棋界最高の舞台であるタイトル戦（竜王戦）に自作の駒が採用された。テレビで遠藤さんの表情を見ていると真摯《しんし》な姿勢が伝わってきて、20を超える仕事に携わりながらも、自分に合う何かを探し求めていたことがうかがえた。

先ほどの就活する学生や、スプレーアーティストとして独立した山本さんや、50代後半から駒師になった遠藤さんなどを安易に一般化することはできないが、いずれも予期しないものに遭遇して自らの可能性について何かを感じたのである。遠藤さんは番組の中で、師匠との巡り会いを「運命の出会い」と発言している。これらの偶然や直感は、転身にとって重要な役割を果たすことが多い。もちろん着実に準備しながら次のステップに行く場合もあるが、転身先が明確に見通せるわけではないので、偶然や直感、または人との出会いが一定の意味を持つ場合が少なくない。

転身の3条件と行動

改めて転身者の一覧表を眺めていると、転身する際の共通した条件も見えてくる。取材を通して得た転身の条件を整理すると、左記の3つである。

① 実行、行動できる（フィードバックを受ける）
② 自分を語ることができる（自分自身を客観視する）
③ 大義名分を持つ（主体的である）

スプレーアーティストや駒師の例で印象的なのは、彼らがすぐに行動を起こしている点である。YouTube でスプレーアートの画面を見た後に、すぐにホームセンターに行ってスプレーを購入、また将棋の駒の展示を見た時に、その場で師匠に「駒作りは私にもできるのか」と尋ねて弟子入りを願い出るなどのアクションをとっている。

人は考えて行動するよりも、行動や直感を通して得た知見をもとに検討する方が物になることが多い。何よりも自ら動くことが力になるのである。

私が取材した40代の男性は、次に何をするかを決めずに運輸関係の会社を退職した。彼は自分にはどういう仕事が合っているのかを考えるために、世の中で気がついたありとあらゆる職業を大学ノートに書き込み、いろいろな職業の人に実際に会って話を聞いていた。

ところがすぐに取り組める仕事を見つけることはできず、自らの非力さを思い知った。しかし彼は、たまたまテレビに登場したハム・ソーセージを作っている人の姿を見て何かを感じ、すぐに連絡を取ったことによって、その人の指導を受けて同じ商売で独立した。多くの人を訪ね歩いて話を聞いていた彼の行動が、その偶然の出合いを導いたように私には思えたのである。

この社会にはどのような仕事が存在していて、自分にとっての適職は何か、そのために自分は何ができるのかを、いくら頭で考えても答えは出ない。自分に合った仕事がどこかに転がっているのではないからである。むしろ、自分から行動することによって適職に近づいている例が圧倒的に多い。

転身者の一番の特徴は、行動である。行動を通して自分なりのフィードバックを受ける。それに対してまた取り組みを進める。その繰り返しが新たな世界への転身を支えている。転身自体はあくまでもプロセスなので、出来合いのノウハウではなく、行動を通して自分なりの流れを作り出さないと物にはならない。

行動して宿題を得る

先述したように私は転身した人を紹介する新聞のコラムを持っていたので、ときには変わりたいという人の相談を受けることがあった。どのようにして好きなことを見つければいいか（転身先をどう考えるか）という質問もあれば、すでに転身のイメージは固まっているが、どのように進めればよいかについて意見を聞きたいという相談もある。

具体的には、会社員の仕事と並行してビジネスに関する評論や小説を書きたい人、人事コンサルタントとして転身したい人、顧客に寄り添うファイナンシャル・プランナー（FP）として活躍したい人、研修講師として対外的にも通用する力を身につけたい人などである。

転身のイメージが固まっている人には、とにかく一歩前に出ることを勧めている。

相談者には、行動してみてそこからの宿題を持って意見を聞きに来る人と、行動する前にアドバイスを求めてくる人に分かれる。前者の場合には、「次はこういうことをすればよいのでは」というカードをお互いに出し合うことが多い。

ところが後者の場合は、私からの一方通行になりがちである。話しながら私と相手とが同じ土俵に立っているのか心配になることが多い。正直に言うと、この私の話が本当に役に立つのだろうかと疑問を感じながら話すことがある。自分に合う方法だからと言って、その人にぴたりとはまる保証はないからだ。特に、相手がアドバイスを聞いてその通りにやればうまくいくと考えている姿勢があるとそうなる。

私が会社や現在の枠組みから外に出て一度こういうふうにやってみたらと言うと、彼らは「もっと研鑽《けんさん》してから」「もう少し力をつけてから」というフレーズを語ることが多い。しかし、すぐに一歩前に出なければならない。

まずは自分で行動してみて、そこで感じた疑問や課題や失敗を宿題と受け取り、それを解決しようとすること以上に有効な策はない。そうして一歩前に出れば自分が見ている景色は確実に変わる。また、自分が行動したことに対してフィードバックがあると、次の動機が生まれる。逆に言うと、フィードバックのないことは続けられない。同時に人との出会いも行動する姿勢から生まれていることが多い。

私が話を聞いてきた魅力ある転身者は、有効なアドバイスに従ったからではなくて、行動して得た自分なりの宿題を解決するために動いている。そうするとまた新たな宿題が出てくる。この流れを繰り返すことが転身のプロセスに乗っていく唯一の方法である。

いろいろ考えて検討するよりも、とりあえずやってみるという素早い行動力と迅速な意思決定、そしてそこから課題をもらってまた行動するというサイクルを繰り返すのである。本当の意味での試行錯誤はこれである。「やってみなはれ」「やってみないと分からん」ということなのだ。とりあえず行動してみて、失敗しながら市場からのフィードバックを糧《かて》に進んでいくというプロセスが重要なのである。

いくらすごい人からアドバイスをもらったとしても、自分の歩むプロセスにぴたりとははまらない。行動する前にアドバイスをもらえばうまくいくと考えている時点ですでに誤っている。アドバイスはある時点の一つの解釈にしかすぎず、プロセスという時間の流れは含まれていない。そのため、いくら自己分析や自分史の整理を繰り返しても、次のステップには進めないのである。本来の自己の棚卸しというのは、行動してそこからの課題を解決することを通してしかできない。その時に意外な人との出会いも生まれるのである。

この自身の宿題をこなすこと自体が何より楽しいと思っている人は、どんどん転身のプロセスを先に進めることができる。転身できるかどうかは、学歴や経済力や組織での地位ではなく、行動を通して学ぶことができるかどうかにかかっている。

自らを語る

中高年から転身した人たちに話を聞き始めた時にまず私が驚いたのは、彼らが転身のプロセスを多弁に語ることであった。初対面の人に長時間の話を聞くことに不安もあったが、全くの杞憂《きゆう》に終わった。一見控えめに感じる人が大いに語ってくれる姿を見て、こちらから引き出そうとする必要はなく、きちんと聞くことに徹すればいいと感じたのである。

なぜそうなのかを考えてみると、彼らや彼女たちは転身のプロセスで何度も何度も周囲の人に自分の次のステップの姿について語っていたからだろう。のちに私自身がそうだったので気がついたのである。

行動することが一番のポイントであるが、転身の際には、この語るという作業も不可欠である。現在の状況と転身先のイメージとの間で葛藤《かっとう》を抱えた時は、気持ちは揺れ動き、あちらを立てればこちらが立たないことになっている。

また、次のステップへの道筋には偶然の出来事やその場の直感も含まれるので、正確に未来を見通すことはできず、漠然と可能性が見えている状態である。この不安定な立場を調整するために、「語る」という作業が必要になる。単に行動するだけでなく、自分自身を客観視して語ることによって、自己の可能性にコミットしていくわけである。

執筆活動にたとえるなら、初めに書いた下書きのようなものなので、家族や会社の同僚、学生時代の友人、転身を目指す中で知り合った人に新たな自己イメージを語り、相手の反応を見ながら加筆修正や推敲《すいこう》をしていくことになる。しかも何度も何度も繰り返す必要がある。

ここで大切なのは、話の聞き手がいるから自分を客観視できることである。大学でのキャリア教育の授業や就活の指導の際に学生にはよく言ったが、自分自身だけで自己分析はできない。自分だけで考えると、毎回同じようなテーマに対して同じような答えやアイデアを繰り返して、新しい発想が出てこなくなるのである。ところが、他人に語ると同時にそれは自分に言い聞かせていることにもなる。この語るプロセスを経ながら新たな自分に近づき、出会おうとしているのである。

語る内容は当然ながら人それぞれで、起業や独立するための手順の話もあれば、コンサルタントとして社員の幸福を達成したいといった動機や目標を語ることもあれば、なぜ転身に取り組んだかの理由を何度も繰り返すこともある。自分の小さい頃のことを語る人も少なくない。

また、語ることは周囲の状況を観察する役割も持っている。この作業の中で転身することが無理だと確認する人もいる。私のケースでは、小さい頃から好きだった演芸に関する執筆や地元神戸に関する発信ができないかと考えていた。もちろん周囲の人にもその次のステップについて語っていた。

しかしそこに到達できる道筋は見えなかった。50歳でゼロから取り組むには、あまりにも硬い文章しか書けず、また自分が持っているネタも凡庸なものに思えた。放送作家などの仕事をしている人たちは、仲間内で仕事を進めていると感じられて、私が入り込めるチャンスはなさそうだった。このように、自分が目指す転身のプロセスを周囲の人に伝えようとすることによって、それが現実的であるかどうかを確認することができる。

また転身の実現に向けては、行動や意識を修正していく不断の作業が必要である。転身は単に取り組む内容や立ち位置が変わるだけでなく、その人の行動や意識面の変容も求められるからだ。そのためにも語るという作業が欠かせない。自身の転身のプロセスを自分の言葉で他人に説明するのである。

語りの中では、基本的には消極的な物言いではなくて、自分を肯定して少し誇張するぐらいの方がいい。自分の心の中にある動機は、宣言していないと周囲には分からない。知ってもらうと助けてくれる人が現れるかもしれない。自分を信じていないと夢はかなわない。私も在職中には周囲に「今に売れるかもしれない」とか、年賀状には「今年ブレイクします！」などと書いていた。「コーヒーブレイクのブレイクでちょっとお休みだった」などと後で冗談にしていたが、口に出さないと誰にも伝わらない。

自分が語る物語が、周囲の人にも「なるほど、そうか」と理解されるようになると、応援する人が現れたりして、次第に転身先の姿が明瞭《めいりょう》になってくる。次のステップへの道筋を簡潔な言葉で語れるようになることがポイントである。語る相手は、一定の距離を置いて自分を見てくれる人がよい。社内の同僚や家族よりも、昔の恩師や学生時代の友人、できれば自らの転身のロールモデルになるような人が最適である。

会社員から外国人向け料理教室で起業した富永紀子《とみながのりこ》さん（103～106頁に後出）は、これについて次のように述べている。
「みなさん、夢を語ってください。ぼんやりとした夢でも語ることでいろいろ質問されるので、それを真摯に受け止めて、明文化してしていく。それがストンと落ちたら、再び語っていくと、そこから人脈やオポチュニティ（機会）が広がって、夢に近づいていけると思います」

主体性と大義名分

転身のプロセスでは、「行動」「語る」ことが重要であるが、その前提として本人が主体的な姿勢を持っていることも大切である。取材では「俺はこうしたい」「○○のために××をする」といった、その人自身の旗を掲げた人が多かった。今から考えれば当たり前のことだが、当初、私には新鮮であった。当時の私自身が会社員として組織の枠組みの中に埋没していたからであろう。

私は子どもの頃、周囲に商売人やアウトローの人たちが多い歓楽街の真っただ中で過ごした。入社して一番驚いたのは、会社員が自己主張しないことだった。上司の言うことには反論せずに黙って従い、自分の仕事が終わっても支社長が帰るまでオフィスにとどまっていた。会議で発言しながらも自分の本心を隠すかのように話す人たちもいた。子どもの頃に私の周りにいた大人たちは自己主張も激しくて、簡単には人の言うことを聞かない人たちがゴロゴロいた。

もちろん、会社員は組織内では自己主張しすぎない方がうまくいくと分かっているからそうするのだ。しかし、主体性がなければ自分の可能性を広げることにはつながりにくい。第1章では、フリーランスと会社員の転身の違いについて述べたが、両者の違いは主体性の持ちやすさの差であると言い換えてもいい。

この主体性は自分なりの大義名分によって基礎づけられている。たとえば、会社員から蕎麦打ち職人に転じた人は「おいしい蕎麦の味と心地よいサービスを提供したい」、主婦から無料学習塾の代表者になった人は「経済的に恵まれない子どもたちにも学ぶ場の提供を」、小学校の先生から市議会議員に転じた人は「市政を通して地元に貢献したい」、会社員から美容師に転じた人は「家や施設にこもりがちの高齢者にも美容、理容サービスを提供したい」、地域のNPOの責任者に転じた人は「地域に子どもたちの笑顔を増やす」と想いを語っていた。また「語り」の時と一緒で、この大義名分を自分自身の言葉で簡潔に表現できることも大切である。

私の執筆範囲のことで言えば、「高齢化社会」「人生二毛作」「キャリア」「生きがい探し」などの言葉は使い古されているし、誰もが簡単に言える。50歳を越えた私が競合者の多い分野でやっていくには、対象を会社員に絞り、自らの執筆のフィールドを短い言葉で明確に特徴づけることを意識していた。たとえば「こころの定年」「働かないオジサン」「人事部は見ている」「定年後」などである。全体としては「会社員が『いい顔』で過ごせることに貢献する」ということを目指している。第1章（13〜15頁）で紹介した竹原信夫さんの『日本一明るい経済新聞』という名称も大義名分を表していると読めるのである。

最近「ＦＩＲＥ《ファイア》」という言葉をよく聞くようになった。「Financial Independence, Retire Early（経済的自立と早期リタイア）」の頭文字を取ったもので、若いうちから資産形成を進めることで、経済的に自立して早期退職を目指す人生戦略のことだ。

納得できない上司の指示から逃れて、自分の時間を確保して家族といつでも旅行に行ける自由を手に入れたい気持ちはよく分かる。この「ＦＩＲＥ」も自らの可能性を広げるという意味で一つの転身と考えられなくはない。ただ「早期リタイアして何をしたいのか」のイメージがあるかどうかがポイントだろう。人生は長い。50歳でリタイアできたとしても30年以上はまだ時間が残っている。

定年時に「これからは毎日ゴルフだ」と会員権を購入した先輩や釣り三昧《ざんまい》を宣言していた人が、それらを続けなくなった例も見てきた。趣味として行うゴルフや釣りは楽しくても、毎日そればかりはできない。主体的な姿勢で自らの次のステップをどのように描くかが意識されていれば、「ＦＩＲＥ」は転身の手段として十分な意味がある。

第3章　プロセスが大切
——新旧のアイデンティティ

二者択一で考えるな

従来の働き方に限界を感じた時、または今のままでは将来を見通せない時に、私たちは、今までの仕事を続けるのか、はたまた起業や転職、独立などで新たな仕事に移るかどうかで悩むことがある。その際、「会社に残るか、独立するか」「新たな仕事に乗り換えるか、今の仕事を継続するか」の二者択一的な考え方になってしまいがちである。実は私にもそういう時期があった。

そうなると、人はリスクを回避する立場から、現状追認の姿勢になってしまいがちである。それとは逆に、迷った局面でスパッと白黒をつけて今までの仕事や立場を捨てて次のステップに向かう人たちもいる。私は両者ともうまいやり方ではないと思っている。

現在の仕事に見切りをつけて、いきなりカードを裏返すようなことをすればうまくいかない。初めて書いた本が評判になったのでジャーナリストを目指して会社を退職して上京したが、十分な準備もなかったため想定したポジションが取れなかった例もある。彼は当初、私にも会社を退職して東京に出ることを勧めた。第2章で述べた転身の形態で言うと「A→B」型だけを意識して進んだように見える。

一方で、同じ会社員でも40歳ぐらいから物書きを目指して仕事の傍ら執筆に取り組み、初めての本を出すまでに15年ほどかけた人もいる。彼は海外での赴任経験も執筆に役立てている。結果として50代後半になって物書きとして独立して、その後も安定して本を出版していた。

そもそも今までの仕事に意味を感じなくなったにしても、いきなり独立してやっていける何かを持っている人は少数である。第1章の一覧表（17頁）に登場した人たちは、それぞれ試行錯誤を経験しているとともに時間をかけて次のステップに移行している。

転身はあくまでも自らが歩むプロセスなので、自分が今までやってきたことを踏まえながら変わる必要がある。そのため現状の立場を否定して次に行こうとしてもうまくいかない。現在の状況に納得していなくても、それは自分の現実なのでそこから離れては転身は成り立たない。

それが分からずに、転身前の自分と転身後の自分を分けて考えているのは、追い込まれている状態だと言ってよい。今までの選択を重ねてきた結果、行き詰まっているのだ。そういう時はいったん立ち止まって、むしろ自分の興味、関心を深めてみるタイミングだと思うべきである。どうすればよいかという葛藤を抱えた時には、軽々に結論を出すのではなく、宙ぶらりんな状態に向き合いながら待つということも有効である。人との関係や物事が変化して解決の糸口が見えてくることもあるからだ。

中高年以降の揺らぎは、自分と仕事との関係から生じているのであるから、そこを起点にしなければならない。今まで働くことによって得たもの、失ったもの、出会った人、仕事の向き不向き、自分に対する周囲の評価などを確認しながら、まずは自分と仕事との関係を徹底的に見つめ直して行動することだ。

この作業には、一定の時間が必要である。また各個人ごとに課題も異なっているので、一般的なノウハウやアドバイスでは役立たない。一人で行う孤独な作業となる。自分の可能性を検討するには、心の奥底にある欲求と向かい合う必要がある。

新しさを求めてむやみに広げるよりも、現在の抱えている課題を深く掘り下げた時に新しいものが発見できる。現在の自分の可能性を高めることが転身力だからである。うまくいかない人は「A」か「B」のどちらかを簡単に捨てて答えを出しがちなのである。

会社勤めのメリット

私は50歳から、組織で働く会社員を想定読者として執筆を始めた。自分の考えを発信するためには、新聞社や出版社の軒先を借りてチャンスを広げる手立てしか思いつかなかった。

しかし実際には、文章の内容も読まれずに門前払いになることが多かった。どこの馬の骨とも分からない状態ではなかなか相手にしてもらえなかった。たとえば、私の原稿を評価してくれて「面白いから出版社を紹介してあげよう」と声をかけてくれた先輩がいた。彼はすでに数冊の本を書いていて出版社に掛け合ってくれた。ところが、その出版社では○○大学教授や○○研究所の研究員といった役職がないと無理だと言われたらしい。彼は恐縮しながら私にその理由を話してくれた。

日本の多くの会社では今でも、どこの組織に属しているかを重要視しがちだ。所属する場に力点があるので、いきおいどこの学校の出身か、どこの会社に勤めているかを注目する風潮が強い。それならば転身においても組織に所属していることを有利に使う発想も必要なのである。

私も執筆当初は、自分の文章をどこに持っていけば掲載してもらえるかを考えた。まずは自分が勤めていた生命保険会社を顧客とする業界紙の紙上にコラム欄をもらって書き始めた。自分が働いている生保業界の中なので土地勘もあって執筆する機会を得ることができた。本当に書きたい内容とは少し違っていたが、連載をもらって学べることが多かった。ヨチヨチ歩きの自分にとって担当記者からの反応も大いに勉強になったのである。

また私は、社内で人事の仕事を比較的長く経験していた。人事労務雑誌には現役の会社員が書いている文章があまり見当たらなかった。そこで、チャンスがあるかもしれないと上京し、発行している会社に営業をかけた。人事関係の課題に会社員としての体験を絡めてそこで書き始めた。このような小さな成功を積み上げることがポイントになる。その際には会社で培った資源をうまく使うという視点を忘れない方がいい。

現在の会社の仕事や一緒に働いている人を大切にしておくことだ。私の取材例でも、主に生活関連の情報を提供する新聞社の記者は、記事の執筆とともに企画、編集関係の仕事にも取り組んでいた。バブル期の頃で自分の企画力にも自信があったので独立も検討していた。

出入りの業者や委託元の社員は、「独立した時には一緒に仕事をやっていきましょう」と声をかけてくれていた。ところが、いざ退職して独立すると彼らからは全く声はかからず、こちらから連絡しても避けるような態度であった。やはり新聞社の看板があってこその自分の仕事だったことに改めて気がついたという。もっと同僚や取引先と丁寧な人間関係を作っておけばよかったと語っていた。

旅行会社や保険会社の営業で高い実績を上げていて、旅行代理店や保険代理店として独立してやっていける力量があっても、会社にとどまっている人は少なくない。フリーランスになると、コピーを取るのも、電話を受けるのも、すべて自分の仕事になる。彼らに話を聞くと、部下を使ったり、同僚の協力を得ながら仕事を進めることができるメリットを明確に意識していた。

私は結果として利用することはなかったが、会社の名前や役職も、サラリーマンにとっては一つのリソースだ。最低限の自己紹介は名刺一枚で足りる。また社名や役職は一種の身元保証の役目も果たしてくれる。誰もが当たり前に使えるものではないのだ。

予行演習が必要

過去には、産業の活性化を目的として、会社員に対して起業・独立に駆り立てようとする言説が広がった時期もあった。しかしいつの間にか勢いを持たなくなった。その理由の一つは、セーフティネットが不十分な中では働く側は簡単にリスクを取れないという現実があった。彼らに自己責任を振りかざしてもうまくいかなかったのである。

それに対する一つの回答は、会社に勤務する傍ら、自分なりの本業を育てていくことだ。

来《きた》るべき日に備えて準備をしておくことがリスクヘッジにもなる。転職後の自分が見えにくいということは、失敗するリスクもあるが、実現した時のリターンは大きい。簡単に諦めないことだ。会社で働きながら転身の準備をすれば、一定の給料は確保できるので安心して失敗ができる。本番に備えてのお膳立《ぜんだ》てをこの期間にやるということである。

私が「こころの定年」のテーマで取材した150人余りの転身者は、それまで勤めていた会社を辞めて自分なりの居場所を見つけた人たちだ。蕎麦打ち職人や提灯《ちょうちん》職人や竹細工職人など、自らの技能や特技を活かせる道を選んだ人もいる。ギタリスト、口笛奏者、ピアノ教師といった仕事に転じたのは、趣味をレベルアップさせた人たちだ。人事コンサルタント、社会保険労務士、産業カウンセラーとして独立した人たちは、キャリアアップを結実させたパターンと言える。釣具店、石材（墓石）販売会社、パン屋を開業した人たちは、自分でハンドリングできる商売の醍醐味《だいごみ》を語ってくれた。

みんな「いい顔」でイキイキとしていたのが印象深い。ただし、彼ら、彼女たちの転身のプロセスはヒントに満ちているが、必ずしも順調に進んだものばかりではない。また、彼らもいきなり転身したわけではなく、会社の中での一定の準備期間を持っている。

まずは予行演習として取り組むことも必要だろう。

経営学者の入山章栄《いりやまあきえ》が書いた『ビジネススクールでは学べない世界最先端の経営学』の中

には、会社勤めを続けながら、それと並行して起業する「ハイブリッド起業」というスタイルが述べられている。「日本では、起業というと『会社を辞めて起業するか、辞めずに起業をあきらめるか』の二者択一と思われがちです。しかし世界的に見ると、ハイブリッド起業は極めて一般的な形態であることが、近年の調査で明らかになりつつあります」

もっと容易に起業できる環境が整えば、日本のビジネス社会も活気づく、というのが入山の提唱だ。私は日本のサラリーマンが欧米のように簡単に起業になびくとは思っていない。また、起業だけではなく、趣味に没頭する、ボランティアや地域活動に取り組む、学び直しなど幅広い分野で自分の持ち味を出すことがポイントだと思っている。その意味で「起業」ではなく「転身力」のススメなのであるが、一つの本業にこだわることなく、会社を辞めなくても新しいチャレンジはできるという点で主張が一致しているのは興味深い。

アジアの駐在員経験が長い私の知人は、正社員として雇っていた現地のスタッフが、ごく普通に不動産業にも取り組んでいた姿を見て、「本業と副業を分ける日本のロジックは外国では通じない」と話していた。

日本の会社組織は他のメンバーと協力しながら仕事をすることが優先されるので、社員は会社を構成するメンバーとして内部に取り込まれる。それをデメリットとだけ捉えるのではもったいない。土台がしっかりしていて社会の要請にもつながっている組織にいる、という立場は実はメリットも大きい。それを認識しながら徐々に時間をかけて転身することも一法である。

転身が転身を呼ぶ

転身は固定的なものではなく、すべて動きのあるプロセスである。時間の経過の中でその人の可能性が変化していく。そして転身後のありようも一つの可能性の実現にすぎず、時間の経過とともにまた自然と変化していく流動的なものである。

A地点からB地点への決まりきった直線的な流れで完結するものではない。また、B地点に到達してもその後も変化を続けるのである。一つの転身が次の転身を呼ぶこともある。

歴史小説『信長《のぶなが》の棺《ひつぎ》』で知られる加藤廣《かとうひろし》先生にインタビューに応じていただいたことがある。加藤先生は、中小企業金融公庫（日本政策金融公庫の前身）に勤務後、51歳の時に経営コンサルタントに転身してビジネス書などを執筆。75歳になる直前の２００５年、歴史小説『信長の棺』で作家デビュー。ベストセラーになった。

加藤先生はこれまでに2度大きな転機があったという。大学卒業後、中小企業金融公庫に入ったが、当時は中小企業の資金需要が旺盛《おうせい》で公庫の審査が遅れがちだった。それに対応するため、企画課長だった加藤先生は審査の迅速化案を作成した。

しかし伝統的な審査方法を否定するものだと上司や同僚から批判されて四面楚歌《しめんそか》に陥った。ところが半年後に公庫のトップが代わると、提案していた方策はすんなり採用され、周囲も賛成に回ったという。会社組織の中ではありがちなことである。この時、加藤先生は一つの組織に長く依存していてはいけないと考え、10年後に公庫を辞めると決意した。38歳の時である。

退職後も通用するスキルを身につけるため、ゴルフやマージャンを控え、会計学や語学を学んだ。意識的に人脈を広げて貯蓄にも励んだ。計画より少し遅れたものの、51歳で辞表を提出。経営コンサルタントに転身した。ビジネス書の執筆や講演などもこなした。

それなりに楽しい日々だったが、自分の中で積年の夢が頭をもたげた。小説家になる夢だ。60歳を越えて「こんなことはしていられない」と思い、カルチャーセンターに通って歴史小説を書き始めた。それから10年以上かけて『信長の棺』を出版。私が取材した当時は、70代後半にしてますます意気軒高だった。

私が生命保険会社に勤めながら執筆していることを知ると、バブル期の金融機関の話で先生の舌はさらに滑らかになった。「40代後半の京都支店長の時は、京都を歩いて『信長の棺』につながる歴史の知識に厚みを加えられたのではないですか?」と聞くと、微笑《ほほえ》みながら軽くうなずいた。当時から歴史に関心を持って取り組んでいたのだろう。2018年に87

歳で亡くなられる少し前まで、現役で執筆活動を続けられていた。

加藤先生は51歳の時の転身がなければ、次の作家への道も開かれなかっただろう。話を伺いながら、第二の人生どころか「人生三毛作」という言葉が頭に浮かんだ。しかも1回目の転身は、会社員の立場を元にした「A→B」型であるが、2回目の転身は、若い頃からの小説家になりたい夢を実現したという意味では「A→B→A」型という異なる転身を果たしている。

また加藤先生のように、会社員から経営コンサルタントや小説家に仕事自体を大きく変える転身とは違って、組織に所属しながら転身を繰り返すというプロセスもある。神戸学院大学現代社会学部教授の中野雅至《なかのまさし》は、マスコミにもたびたび登場して適切なコメントを発信している。著書『ニートだった私がキャリア官僚から大学教授になった人生戦略』を読むと、彼の転身の流れがよく理解できる。

著書の中では、「70歳まで働く時代に備えよ！」というメッセージとともに自ら切り拓《ひら》いてきた人生戦略を語っている。ニート→市役所職員→キャリア官僚→大学教授への転身プロセスが披瀝されており、職歴をマネジメントする、学歴を向上させる（大学院で修士号、博士号を取得）、資格をレベルアップするなどのノウハウを含めて書いている。組織に所属しながらも自分の可能性を広げながら次々と転身した姿がうかがえる。

加藤先生と中野雅至の2人の転身の流れは、組織との関係は異なるものの一つの転身が次の転身を順次呼び込んでいることがよく理解できる。可能性の連鎖と言ってもいいだろう。

捨てる作業が難しい

先述の通り、私自身は40代後半になって体調を崩して長期に休職したことがある。病院に行くと「うつ状態」という診断だった。仕事や組織への不適応というよりも、このまま会社員を続けることでいいのかと迷っていた時に転勤という環境変化に飲み込まれた。体中のエネルギーが失われたような状態になり、会社に出勤できなくなった。それまでは体調不良で会社を休むことは考えられないほど健康だった。

好不調の波はあったものの、回復の糸口が見えず、会社を退職することも考えていた。結果的には50歳の時に体調は完全に戻った。回復した理由は特に思い当たらなかったが、「もう病院や医師や薬に頼っても無理だ、どうにもならないんだ」と諦めかけたことが次のステップにつながった気がするのである。それまでの二十数年間で築いていた会社での役職や立場を失うことを割り切れた感じがあったからだ。逆に言えば、私たちが変化に対して保守的になり、変わることをためらうのは、過去に手に入れたものを手放すのが怖いからなのである。

これはあくまでも個人の感覚なので、一般化できないし、ノウハウにもならない。ただ当時、産業医が私に語った「葛藤の場面では、捨てる（居直る）作業が必要だ」という言葉がその時頭に浮かんだ。

医師などの専門家が取り組む対症療法的アプローチでは、マイナスからゼロの世界（元の状態）に戻すことが第一目標とされる。また当の本人も今の悪い状況から脱して元の状態に戻ることを強く望んでいる。しかし今までの自分の働き方やライフスタイルがメンタル不全を呼び込んだケースでは（私の場合はそうである）、単に元の状態に戻るだけでは同じ繰り返しになる恐れがある。

私が休職を繰り返したのは、まさに元の状態に戻るだけでは本来の回復には至らなかったからだ。本当の回復は、元に戻ることではなく、「自分の心構えを切り換えること」「今までとは違う新しい生き方を探すこと」だというのが実感である。

体調が元に戻った理由をあえて理性的に説明するとすれば、「時間が解決した（長い時間をかけて少しずつ適応した）」ということになるだろう。しかし体調の厳しい時期に「もうなるようにしかならない」という諦めと開き直りが景色を変えた気がするのである。

会社員は、自分が属する組織との関係で大切なものを諦めるタイミングが必ずやってくる。会社の破綻《はたん》やリストラ、左遷による場合もあれば、役職定年、定年退職、病気や思いもよらない事故に遭遇したことがきっかけになるケースもあるだろう。いずれにせよ、この諦める、捨てる作業がないとなかなか新しい道が見えない。後ろのドアを閉めなければ前のドアは開かないという感覚である。

転身によって何かを得るためには、何かを終わらせなければならない。多くの人は転身によって得るものだけを考えがちではあるが実際には失うものも無視できない。何が欲しいのか何を得るのかだけではなくて、何を捨てることができるかもポイントなのである。次のステップへのチャレンジを阻んでいるのは、現在確保しているものを手放せないということも大きい。私の個人的な思い込みかもしれないが、ある程度大切なものを捨てなければ、価値のあるものは手に入れることができないという感じがある。

銀行員からアートの世界へ

第1章では加齢が人を変化させる一つのポイントであることを述べたが、ライフサイクルの変化によって転身が進むことがある。

もう10年以上前になるが、日本と米国のそれぞれの金融機関で働いたのち、ドイツの木製人形の世界に転身した中村一行《なかむらかずゆき》さんに話を聞いたことがある。彼は大学を卒業して入社した日本の銀行では海外支店の新規の開設などに取り組み、30代以降は転職して数社の外資系銀行で要職を務めた。

しかし外資系の銀行は各社員の仕事の範囲が明確で、個人の責任を厳しく問われ、また社員の自己主張もはっきりしているので、組織に所属する一体感を感じにくくなっていた。心の安らぎという点ではチームで仕事を進める日本の銀行を懐かしく思うこともあったそうだ。

30年に及ぶ金融業界での仕事でそれなりのキャリア、実績、人脈ができたという満足感がある一方で、50歳頃から、残る人生があと30年あるならもう一度別のことに挑戦したいと考えるようになった。

残りの人生をどうするかと考えた時、人の心の琴線に触れるアートの仕事が頭に浮かんだ。ニューヨークのドイツ人街に住んでいた時、ある店でくるみ割り人形に出会い、その精巧さと木のぬくもりに魅了された経験が原点だった。その案には妻も大賛成だった。

50代早々に退職した2日後には、くるみ割り人形の故郷とも言えるドイツ西部のザイフェン村へ妻とともに飛び、半年後、自宅に「小さなミュージアム」を開いて、販路開拓にも力を尽くした。

百貨店の催事場での展示を行う回数も増えて売り上げも右肩上がりになったが、退職前の金融機関の収入には遠く及ばない。それでも本物に触れる喜びと感動に関わっている実感がある。今後は、海外の人形職人を日本に招待し、人形制作の実演をしてもらう企画を考えたいという。

百貨店の展示会でお客さんに笑顔で応対する中村さんの姿を見て、過去の金融業界での営業の経験を活かしていると感じた。人はずっと同じ位置に立ち止まっているわけではなく、年齢を経ながら変化していく。日米の金融機関の仕事のやり方は昔からそれほど変わっていないだろうが、中村さんが年齢を重ねることによって、自分が求めているものが異なってきたのだ。

またアートの世界には昔から関心があったとしても、残りの人生の年数を勘案することによって次のステップに動き出している。転身する一つの大きな要素は加齢ではないかという感覚が私にはある。

若い頃はマネジメントなんか大嫌いで、現場の工場において一人で職人的な仕事をすると決め込んでいた人が、50代になって「人にものを教えるのは、おもしろいなあ」と言って若手に技術を伝えることに意味を見出しているケースもあるのだ。

いったん違う経験をする

プロローグの木村拓也コーチが語った「自分自身を知って可能性を探る」は、現役を引退した直後の講演であり、野球人生の総括でもあったのだろう。同時に、長寿化が進み、かつ時代の変化に対応するために私たちに求められる転身の内容とも一致している。

お金や役職、地位とは関係なく、自らの可能性を信じて行動に移すことが転身のポイントである。言い方を変えれば、過去に何をなしたかではなく、これから何をなそうとしているかが問われている。現在進行形の中で転身を捉えることだ。

人の未来は確定的なものではなく数多くの可能性から成り立っている。現在の立場を少しずつ修正しながら次の立場に移行する。たとえば、組織で働いている時の自己の可能性と、フリーランスの時の可能性も異なる。また年齢を経るに従って転身の形は変化していく。

転身のプロセスでは、喜んでもらう相手を意識したり、誰かに役に立つという実感がないとモチベーションは上がらない。また、市場や他人からのフィードバックがないと長く続けることはできない。木村選手が、プロ野球選手として成功するために、初めは自分のことばかり考えていたが、「（チームで）勝つ喜びはものすごく、言葉では言い表せない」と語っているのもそうだ。

転身のプロセスにおいて、一直線で次のステップに移行するケースもあれば、現状からいったん異なる経験を経由して次のステップに向かう人もいる。それは一時的な小さな体験のケースもあれば、本格的な別の仕事のケースもある。

たとえば、ＩＴ関係の会社のある支店長は、45歳の時に３か月間のリフレッシュ研修を受けて仕事から離れた。自分がいなくなると支店の業績が低迷するのではないかと不安を抱いていたが、問題なく組織は回ることを知ってショックを受けた。それを契機に仕事以外に打ち込めるものを探し始めた。

企業で調査、研究部門を中心に歩んでいた人が、企業から役所の研究機関に派遣されたことをきっかけに大学教員に転じた例もある。私と同じ社会人大学院に通ううちに学びの喜びを得て、大学でキャリアを専門とする研究者になった会社員もいる。阪神・淡路大震災を経験して、通常業務と異なる仕事をする中で自分の次の仕事を探し始めた人もいれば、病気で入院した体験をきっかけに次への転身を考えた人もいる。糸井重里は広告の仕事に限界を感じた40代の頃に釣りばかりしていた2年間があったという（8頁）。

このように、いったん別のことに取り組んだ経験、異なる組織に在職した経験から刺激を受けて次の道筋に進む人は少なくない。

介護士から棋士、ゲーマー

それまでの仕事とは全く別の仕事を経験して次のステップに新たに進む場合もある。

第68回ＮＨＫ杯テレビ将棋トーナメント1回戦（２０１8年6月）で、当時の藤井聡太《ふじいそうた》七段（15歳）に粘り強い将棋で勝利した今泉健司《いまいずみけんじ》四段（44歳）が世間を賑《にぎ》わせたことがあった。

スポーツ新聞は、プロ入り史上最年少棋士がプロ入り戦後最年長棋士に敗れる結果となったと報じた。

今泉五段（２０２０年６月に昇段）は小学２年生で将棋を始め、１９８７年にプロ棋士の養成機関である「奨励会」に入会した。しかし最終関門である三段リーグを突破できず、99年に年齢制限である26歳を迎えて退会。その後、アルバイトをしながらアマチュア強豪として活躍し、規定を満たして２００７年に奨励会三段編入試験を受験して合格した。その後、２年間、再び三段として四段（プロ棋士）になる夢を追ったが届かなかった。

そして再びアマチュア棋界で活躍し、さらに高い規定を満たして２０１４年に「棋士編入試験」を受験。新四段４人と対戦して３勝１敗の成績を残し、27年間に及ぶ挑戦を実らせてプロ棋士になった。戦後最年長、３回目の大きな挑戦の末に誕生した41歳のオールドルーキーだった。

彼の著書（『介護士からプロ棋士へ――大器じゃないけど、晩成しました』）や登場したテレビ番組を見ると、アルバイトなどを経験しながら挫折《ざせつ》を繰り返し、貯金が底を突いて介護士に転身した後、３度目の挑戦でプロの棋士になった経緯は胸を打つ。

２回目の挑戦がうまくいかなかった時、父の勧めでヘルパーの資格を取得して、高齢者向けの小規模多機能ホームに就職が決まった。将棋では自分のことしか考えていなかったが、介護の仕事を通じて初めて相手の気持ちになって考えることができたという。「僕が勝てたのは介護士という帰れる居場所があったことが大きかった」と雑誌でもテレビでも語っている。棋士になることが決まった勝利の瞬間は、勤務する介護施設では万歳三唱の声が響き渡り、地元のニュース番組では速報が流れたという。

また、海外でも著名な格闘ゲームプレイヤーで、対戦型格闘ゲームで数々の大会を制している梅原大吾《うめはらだいご》は、かつて他者を圧倒する実績を出し続けていたにもかかわらず、「そろそろ潮時かなって」と感じて2004年にいったんゲームをやめた。そして麻雀の世界に飛び込む。2年ほどして麻雀で勝てるようになってきたが、自分に合わないと感じてやめてしまう。その後、両親が医療関係の仕事をしていたこともあって、介護職の正社員として働き始める。

彼はインタビューの中で「はじめての会社員はいかがでしたか」と聞かれると、「感謝されてお金をもらえるなんてことが世の中にあるんだ、と初めて分かった。（中略）こんなに社会って優しいんだ、なんてありがたいんだろうと痛感しました」と語っている（転職サイト「エン転職」の2019年12月20日付記事「梅原大吾の履歴書」）。それ以前は、食うか食われるかの世界しか知らなかったという。介護の仕事とゲーマーとの二足の草鞋《わらじ》を履《は》いたのちに、プロゲーマーとして再び大活躍することになる。

プロ棋士、プロゲーマーと言えば、自分の力しか頼れない職業の代表だろう。そうした世界の2人が、一度その仕事から離れている。そして同じ介護職の仕事に携わったのちに再び元の本業に復帰しているのが興味深い。私たちは、途中で転身するのが難しいと感じたなら、いったん小休止を取って別の世界を経験してみるという手もある。そうすることで、本質的でないことにこだわっている自分が見えてくるかもしれない。今泉五段の師匠で、投資家でもある桐谷広人《きりたにひろと》は、介護の仕事によって今泉五段の角《かど》が取れて将棋に好影響を与えたと語っている。

この2人は、転身形態としては「A→B→A」型と言えるが、元の仕事とは対極的と思える仕事をすることによって、新たな自分を発見して、幅広い視野を持ち、転身のプロセスに取り組むことができたのではないだろうか。

梅原は、社会派ブロガーちきりんと対談の中で、「すごいプレーって何かって言うと、今言ったプロセスや考え方が、戦い方に滲《にじ》み出ているプレーのことだと思うんです」と発言しているが、2人の転身においては目標を達成することよりも、そこに至るプロセスが大事であることを語っているようで興味深い（『悩みどころと逃げどころ』）。

道草の効能

将棋の今泉五段やプロのゲーマーである梅原は、いったん介護職という仕事に就いたことが、その後の本業に好影響を与えている。「A→B」型に転身する際にもできるだけ直線的に、かつ効率的に次のステップに急ぎたい人もいるが、いったん違う道に進んだのちに歩み直す人や、なかには一見すると遠回りだと思える転身のプロセス自体を楽しんでいる人もいる。

私が主宰する研究会に何度も出席して、ことあるごとに意見交換をしてきた岩瀬正和《いわせまさかず》さんは、大学を卒業して大手鉄道会社に入社。駅での勤務や支社、人事課、営業本部などを経験して、20代はがむしゃらに働いた。30代の初めに退職して出家。高野山真言宗《こうやさんしんごんしゅう》の布教研究所の教化研究員として巡礼での若者の変容研究を行うとともに、若者たちと一緒に四国遍路《へんろ》の先達として歩き続けた。

実家がお寺というわけではないが、以前から仏教にも興味を持っていた。大学時代はバブル期真っただ中だったが、当時の雰囲気には馴染《なじ》めなかった。そしてスペイン巡礼やスリランカ巡礼など、海外にも足を運んだ。その後地元に戻り、塾で中高生や浪人生に英語を数年間教えた。本人は巡礼や英語講師を通して若者と触れ合うことで自然や人々との一体感を感じたという。

その後、会社員時代の同期入社の友人から声がかかった。会社が取り組む大規模なターミナルの駅ビル開発やそこでのテナント誘致の仕事に携わることになる。8年ぶりに会社員生活に戻って、さまざまな立場の人と一緒に仕事をしたのである。いろいろな意味で勉強になることが多かったという。

日々の忙しい仕事をこなしながら外国人観光客向けの通訳ガイドの資格を取り、高野山本山の布教師として高野山や寺院での法話にも取り組んだ。彼は視点を自分の内側ではなく周りのために何かできないかと意識している時がイキイキしていた気がすると語る。

この頃、私と知り合い、研究会などでも語り合うことがあった。私の取材した人の中にも、銀行を退職した後にお遍路の先達で活動していた人もいたので、彼のお遍路に関する発表の場に岩瀬さんと一緒に訪問したこともあった。

彼は、会社で働きながら若者に対する法話を行うという二足の草鞋を履き続けるか、僧侶《そうりょ》の仕事に専念するかで迷っていたこともあった。私は、現場の会社員として働きながら説法や法話を行うことで若者にも自分の考えがより伝わるのではないかとアドバイスした。その後、50歳を越えて12年間務めた会社を退職し、僧侶として独立するとともにYouTubeでも法話を配信している。

鉄道会社でがむしゃらに働いた20代。出家から寺院でのお勤めの30代前半。巡礼、英語教師で自然や人々との一体感を感じた30代後半。ターミナル駅の商業施設開業に向けてさまざまな立場の人々と働いた40代前半。僧侶との二足の草鞋を履き続けた40代後半。自分でも不思議な人生だと改めて振り返る。

　彼は会社退職後、活動の拠点を西宮市に置いて葬儀や法事を行っている。また説法も引き続き行っているそうだ。彼を見ていると、長寿社会の現在では、やはり健康やお金と並んで転身力が必要になっていることを感じる。

　一直線に次の転身先を目指す人だけでなく、いろいろな転身プロセスもあり得る。違った道を歩む人、裏道から上がろうとする人もいる。また一度違う道を歩んで戻る人や疲れていったん休む人もいるかもしれない。

　いろいろな道があっていい。岩瀬さんのキャリアの流れを見ていると、転身のプロセス自体を楽しんでいるように思えてくる。長い人生なのであちこちに道草した方がいろいろな体験ができて豊かな人生を歩むことができると言えなくもない。先述の糸井重里が釣りばかりしていた時期があったというのも、いったんお休みだったのかもしれない。

　道草を経験していない人は、目的だけを考えているきらいがある。別の経験をした余裕が、他の多くの道筋があることに気づかせてくれるのである。私自身も、大学入学前の浪人、大学での留年、会社での長期の休職、定年後の定職を持たない時期など、いくつかの道草を経験したが、無駄なことは何もなかったと今は思っている。たとえ当初描いていた転身先とは異なっていても、そのプロセスが充実していればＯＫだろう。そういった意味でも、転身力で大切なのはあくまでもプロセスなのである。人生は1試合しかないと思い込むよりも、何回か勝負できる方がリラックスできてうまくいく。道草の効用は無視できない。

第4章　顧客を見極める
——自分の土俵で勝負

嫌なことも我慢？

定年退職してから人事責任者の集まりに呼ばれたことがある。60歳から64歳までの雇用延長をどのように運用していくのか、65歳までの定年延長を導入するかどうかなどを検討するために各社が集まった会合だった。私は当時、雇用延長の実態を取材していて、かつて人事担当者の経験があり、人事に関する著作もあったのでゲストとして呼ばれたのだろう。私の講演ののち、人事責任者同士の議論が行われた。専務や常務といった肩書を持つ人が多かった。

その会場にいて、どこかで見たことがある場面と雰囲気であることを感じた。しかしすぐには思い出せなかった。どこで見たのだろうかと少し焦るような気持ちで彼らの発言や様子に集中していた。しばらくして、かつて勤めていた会社の中枢にいた人たちが醸《かも》し出していたものと同じだと気がついた。その時に思いついた言葉は「嫌なことを我慢できる人たち」というフレーズだった。自分一人で「そうだ、そうだった」とうなずきながら納得していた。

もちろん、嫌なことを我慢できることがいいとか悪いとか言いたいわけではない。組織内では、自分が納得できないことでも仕事をまとめ上げる人たちが間違いなく必要である。また、彼らが社内で要職に就き出世することも理解できる。私はそこに身を置くことができなかったので、会社員以外の道を探そうとした。当時は仕事に満足していなくても頑張れる人たちが羨ましかった。

20代、30代の頃は、仕事でも未知の部分が多く、上司、同僚、顧客、取引先から新たなことを学ぶことができた。刺激もあったので組織内の既存システムを受け入れて適応しようとしていた。ところが40代になった頃には、会社内の諸システムや基準に対して疑問を抱き始めた。対前年を必ず上回る目標に無理はないのか、自分のやっていることが顧客に対して本当に役立っているのか、また社員はもっと個性を発揮してのびのびと仕事に取り組める余地があるのではないか、などの疑問だ。一方で、収入や社会的な立場も含めて多くを会社組織に依存しているという現実も認識していた。

既存のシステムをそのまま取り入れるのか、それともそれ自体の意味を問い、疑う姿勢を持つのかの違いと言ってもよいかもしれない。中高年以降になると両者のどちらかに分離していく傾向がある。既存のシステムやモノサシの是非について深く考える人や疑問を抱く人は、組織の中ではエリートにはなり得ない。

また既存のシステムやルールを疑っていない人は、自らの関心が収入（お金）や役職など限定的になりがちである。ただ気持ちの奥底では、住宅ローンを支払い、老後の資金を蓄えるために嫌な仕事も我慢することでいいのかといった迷いを持っている人もいる。他人との比較でしか自分の幸せを確認できないことでいいのかという疑問を抱えている人もいた。

「自分のおもろいことは何か」「自分は何をしていたらイキイキできるのか」は、その人の個性とか持ち味であって、それを変えることは難しい。組織内の既存のシステムや組織からの評価に正面から向き合うといろいろな軋《きし》みが出る。自分の趣味や関心に蓋をして過ごす手もあるが、どうしても自分の基準を優先したいと考えれば、自らの個性に合うポジションを探し出す作業が求められる。

生い立ちも大事

40歳にもなれば自分の幸せを定義づけることが求められる。自分にとって何が幸せなのかを把握することだ。どんな人にも、どんな場面にも、どんな色にも合わせられるというのは、個性がない人だと言っていいだろう。社会や組織が示す既存のシステムに乗っかっていれば幸せな人生が送れるという、高度成長期にのみ通用する幻想にとらわれている人も少なくない。

自分の個性との関連において、既存のシステムや尺度を自らの世界観の中にどのように位置づけるかが40代以降に求められている。もちろん、それをすんなり受け入れることができれば安定した気持ちで生活できるが、必ずしも簡単なことではないだろう。

一方で、病気の経験、災害や事故との遭遇などによって、その課題に一気に直面する人もいる。このような想定外の出来事は、会社を中心とする既存のシステムの枠内では意味づけできないものだからである。このあたりは第6章においても取り上げる。

私が長期に休職して復帰した時に、長い付き合いの同期入社の友人は「順調な会社生活を送っていると思えた君が長期に休んだことに驚いた。もう生い立ちに原因があるとしか考えられない」と本気とも冗談ともつかない感じで話したことを覚えている。私は「君は鋭い。その通りだ」と思ったのである。

私は40歳の時に遭遇した阪神・淡路大震災の頃から、「他の人に比べて早く役職に就くことがいったい何だというのか」といった疑問にとらわれた。先述の既存のシステムの意味合いを問い始めると自分なりの回答を見出せなくなった。40代で関連会社に出向した時に、本社の部長だった人たちが専務や常務に就いていた。彼らはいずれもいい人ばかりだったが、自分の将来の姿ではないと強く感じたのだ。

私は小さい頃、神戸の歓楽街、色街の近くにある薬局の息子として育った。周囲には会社員や役人の子はいなくて、商売人や職人、遊び人、アウトローの人たちに囲まれて過ごした。彼らはもともと組織に寄りかかるつもりはなく、誰もが建前ではなく本音で語っていた。今から考えると、会社員とは対極と思える生き方の人が多かった。

また、家の近くは映画館が立ち並び、神戸松竹座《しょうちくざ》という大きな演芸場もあったので、近所の遊び人の兄ちゃんが演芸場や映画館のタダ券をくれることもあった。神戸松竹座の舞台には同級生の祖父母が登場していた。その小さい頃に舞台で見た芸人さんがカッコよく、ずっと憧れていた。その気持ちは中年になっても変わらなかった。

私自身は生真面目《きまじめ》で気の小さい男なので、サラリーマンの仕事は向いていたが、小さい頃に受けた刺激は本当に大きなものだ、と転身のプロセスの中で何度も実感した。安定したポジションに長くいると居心地が悪くなるのである。この転身力の取材の中で、少数であるが同じような感覚を持っている人がいることも発見できた。生い立ちから来る自分の個性と既存のシステムとの関係をどう調整するかは難しい課題である。

私は『日本経済新聞』の「私の履歴書」(1956年から始まり、各界の著名人が登場する)を毎日楽しみに読んでいるが、初めの1、2回は自分の生い立ちを語っている。その箇所がその人の人生に大きな影響を与えていると感じることがある。ジャーナリストの立花隆《たちばなたかし》も「立教大学セカンドステージ大学」の「現代史の中の自分史」という授業の中で、この「私の履歴書」をお手本にして指導していて、親ないし家系のことから話を始めるのは、人間関係の本質から考えてももっともなことなのである、と述べている(『自分史の書き方』)。

私たちは、小さい頃に関心や興味のあったことを強く思い続けている人もいれば、事情があって途中で夢を諦めた人もいる。転身を検討する際には、子どもの頃に熱中した音楽や絵、運動、趣味のみならず、親や周囲の人から受けた刺激などがヒントになるケースもある。そういったことが中年以降になって再び意味を持ってくる人もいるのだ。また転身には多かれ少なかれ、既存システムを疑う視点がある。その意味では、生い立ちというのは無視できないのである。

ツブシが利かない

新聞社から取材を受けた時に、話の流れで記者に「この仕事をずっと続けるつもりですか?」と聞いてみると、「新聞記者はツブシが利かないので他の仕事はできません」という答えが返ってきた。

一般のサラリーマンに比べて取材などで外部の人とつながる道筋があることや、一人で活動できて裁量もありそうなので、私には意外な回答だった。ただ、その記者は新入社員当時からこのフレーズを先輩から何度も聞いているという。

「ツブシが利く」は、辞書によれば「金属製品は、溶かして別の物にすることができるところから、それまでの仕事をやめても他の仕事ができる能力がある」という意味だ。

新聞記者の経験者に聞いてみると、仕事で身につけた技能をもってすれば「ツブシは利く」という人もいれば、それほどじゃないという人もいた。かつては大学の教員に転身する先輩も多かったそうだ。また別の人は、新聞記者の仕事内容の問題ではなくて、組織にどっぷり浸《つ》かっているので主体性がなくなり、他では働けないと思い込んでしまうのだと話していた。それらの話を聞いていると、個々人の姿勢の問題であるようにも思えてきた。

思い出したのは10年ほど前に執筆した『人事部は見ている。』のことである。本の内容は人事分野の専門的なことではなくて、実際の仕事に携わった私の体験とそこから感じたことを書いたものだ。予想外に多くの人に手に取ってもらった。

あるフリーの編集者は、「10万部を超えれば似たような本が必ず何冊も出てきますよ。出版界では常識です」と語っていた。しかしそうはならなかった。彼は「やはり会社員は発信しないんだなあ」とつぶやいた。

もちろん、サラリーマンは体験したことを文章化する能力がないわけではない。むしろ十分な力がある。日々の仕事に追われていることと会社の枠組みの外に出ることが簡単ではないから発信をしないだろう。また、多くの人に役立つ体験や知見を持っていたとしても、本人がそれに価値があると思っていない可能性もある。日常の働き方の課題やリストラに対する不安、定年後の実態など、工夫によっては会社員に対して価値あるネタを提供できるかもしれない。

経営環境の把握や戦略はすべて会社や組織がやってくれるので、会社員はどのようにして多く売るか、組織内をどうまとめるかといった戦術的な面にしか関心が向かない。そのため、自分が本当に興味・関心がある分野、自分が役に立つ市場、自分が勝てるフィールドを探し出すことが簡単ではない。もちろん、これは執筆だけのことに限らない。

まずは、自分にとって何が本当に幸せなのかを自問自答して、「自分は何をすれば他人に喜んでもらえるのか」「自分をどこに持っていけば売れるのか（価値が出るのか）」を探り当てる感性が求められている。会社員だから何もできないという人もいるが、むしろ普通の人の視点を持ち続けていないと次のステップは見えづらくなる。たとえば会社員は人数が多くて、かつ発信する人が少ないので、ブルーオーシャン（競争相手のいない未開拓市場）を発見することにつながるかもしれない。しかも自分はその世界を実際に体験しているのである。

出口治明さんの転身

転身の際のポイントは、自分の本当に関心のある分野をどのように見つけて、実践していくかである。自分自身が何かを見出すことだけでは足りず、他者との関係が必ず伴っている。自分は何を求めているのかという問いから、世の中や周囲は私に何を求めているかの発想の転換が必要になる。この人は役に立つのかどうかではなく、どうすれば自分は人の役に立てるのかということである。

そのうえで、自分をどこに持っていけば人に喜んでもらえるのか、どこで自分を売るべきかを検討する。会社や上司から指示されたことをどれだけ早く正確にこなすかではなく、どこに市場のニーズがあって自分がそれに応えるためにはどうすればよいかを考える時代になっている。

そのためには、個人事業主になったつもりで、自ら事業を行うという発想から出発すべきである。一般企業が当然のように行っている「経営環境の把握」「戦略の策定」を一人でやる必要がある。

そこで私の頭に浮かぶのは出口治明《でぐちはるあき》さんである。出口さんは生命保険会社の会社員からライフネット生命保険株式会社の創業に関わり、そこで社長、会長を歴任して、2018年に立命館アジア太平洋大学の学長に転じた。会社員↓起業家↓大学学長という転身経緯に加えて、驚くほどたくさんの著作がある。また説得力ある語り口で、講演やセミナーに参加して魅了されたと語る人は少なくない。

同じ保険会社に在籍した私は、彼と職場が一緒だったことはないが、総合企画部や人事部の仕事で何度かやりとりをした。30年以上前になるが、私が総合企画部の係長だった時、保険法に興味を持つ関西の商法学者が集まった研究会の事務局をしていた。当時は戦前に制定された保険業法しかなくて、時代に追いついていない部分は大蔵省の通達による解釈などによって補足されていた。特に、資産運用面の規制は商法学者からは最も分かりにくい分野だった。その説明のため、当時財務企画課長だった出口さんに研究会の講師を依頼した。

印象に残っているのは、彼が資産運用関係の規制について説明するだけにとどまらず、生命保険に関する諸規制や保険業法のあり方などを商法学者と対等の立場で議論し始めたことである。そんなことは当たり前と思われるかもしれないが、多くの会社員は多かれ少なかれ自分の仕事の範囲にとらわれて発言して行動する。当時、私自身が会社員という仕事に対して分業制の限界のようなものを感じていたので、出口さんの姿勢に驚いたのである。座長だった京都大学の教授をはじめ、研究会のメンバーが喜んだのは言うまでもない。

また、関連会社として研究所を設立する案が出た時、私はその準備室で取りまとめを担当していた。青写真の案を前提に社内の各分野の課長に承認を取る仕事だった。財務の部分について出口さんに電話を入れて説明した。すると案の内容には触れずに「なあ君、戦いには陸軍と海軍があってな……兵站《へいたん》がポイントなんだ」といった戦争に関する話が延々と続いた。内容はよく分からなかったが、不思議と説得力があったことを覚えている。私は話を戻して案に対する意見を聞く気になれなかったので、「出口課長、了承」というメモを書いて終わらせたのだった。

要するに、出口さんはサラリーマンではなくて個人事業主だと感じたのである。そのオーナーシップの姿勢はその後も変わらなかった。会社員という枠組みに収まらなかったとも言えるだろう。この姿勢は起業家や大学の学長に転身するための原動力になったはずだ。

個人事業主の商売感覚

会社員は戦術的な面やオペレーションにしか関心が向かない傾向がある。また、組織の中では分業制が基本なので、全人格的な対応までは求められない。このため、第2章で述べた転身の条件である「行動」や「語り」、「大義名分」までが一連の活動になりにくい。その結果、目標が漠然としたまま情報を収集したり、安易に資格を求めたり、練習の真似事などに注力して、かえって次の転身先が見えにくくなる。

まずは個人事業主として、自分の力量が発揮できる場所の把握と分析、および自ら立てた戦略を実行していくことが求められる。これらを商売感覚と呼んでもいいだろう。プロの歌手にたとえるなら、音程を外さず歌が上手でも、それだけでは売れない。自分の個性が発揮できる場所や喜んでもらえる相手を探し出してうまく対応する必要がある。戦略というのは、私の独自解釈では、戦いを略すというか、戦いの場所、顧客をシンプルに決めることである。そのためには「嫌なことはやらない」「付き合う人間を明確にする」なども勘案する。

言い換えれば、自分だけのニッチ（隙間）市場を見つけて、そこに自分の持つ資源を重点的に投入する。対象を絞り込んで個人事業主として市場やマーケットから富（必ずしもお金に限らない）を得る。これは単にデザインや執筆のようなクリエイティブな仕事だけに限らず、サービス業や製造業などの分野においても実現できる道はある。また対象についても、事業的なことだけにとどまらずに、趣味の延長、地域活動やボランティア、自らの学びの中にも見出すことができる。

戦術部分に特化しがちな会社員は、まずは自分の顧客を探すことだ。自分の持っている資源と相手が求めているものとの関係の中から顧客を決めるのである。

2016年に私が主宰して「サラリーマン一冊本を書こうよ」というセミナーを東京で催

したことがあった。本の出版やビジネス誌などに自らの見解を発表したい会社員もいて、ときどき彼らから相談を受けていたからである。セミナー当日は、私の書籍を担当してくれている編集者2人も手弁当でかけつけてくれた。その時は参加者が専門知識はあっても本を購入してくれる顧客の立場にもっと配慮が必要だと感じていた。

結果としてそのセミナーに参加した人から2人が本を出版した。2人ともセミナーから出版まで数年かかっていることを考えると、どこかで書き手主体から読み手ファーストへの姿勢に転換して出版に至ったのではないかと推測している。

具体的行動としては、その分野のトップの人の話を聞きに行くことが有効な場合もあるだろう。私の場合、一時期は講演会マニアのように聞きまくっていた。興味や関心のある人に会いに行くことだ。自分が想定する顧客に直接会って話を聞くのもいいだろう。

これらの場数を踏みながら、どれぐらい相手に伝わるのかを、何度も何度も繰り返しながら進めていく。最終的には、相手から「この人じゃないと困る」「彼なら大丈夫」というように信頼されることがベースになる。信頼がなければいくら発信しても相手には響かない。また、それはノウハウやスキルの延長線上にあるものではない。

この章で述べた商売感覚を、具体的な転身事例に沿って検討してみたい。

かつて取材した、複数の中小企業でCFO（最高財務責任者）を務める森谷和郎《もりたにかずろう》さんは、財務の専門家として中小企業数社の運転資金の管理や銀行との対外折衝の仕事を業務委託で引き受けていた。

金融機関の3つの支店で、融資、外為などを経験して、転身直前は渉外担当として主に中小企業相手の融資営業を担当。日々融資先を回る中で従業員が30名未満で一定額以上の年商を確保している成長企業に目が留まった。資金需要が旺盛なそれらの会社は、社長自らが資金繰りなどの仕事を片手間に取り組んでいる。また、税理士は税務関係の対応が中心で、必ずしも財務の業務については十分な仕事をしていないことも多かった。

彼はこの点に目をつけて、「週に1回程度、財務の専門家に依頼したい」という企業ニーズを見出した。自分が独立しても、いくつかの会社の仕事を並行して引き受けることができれば、収入は維持できるのではないかと考えた。そして日々の仕事を通して、自分の転身が可能かどうかをシミュレーションしながら検討した。

そして39歳の時に会社を退職し、数社の中小企業の財務顧問として独立。業務に伴う事務処理は委託元の企業が担当し、役割分担をはっきりさせている。多くの対象企業のうち、数社あれば自分のビジネスは成り立つと見込んだ。私が取材した当時、仕事はフル稼働だった。収入も退職当初は以前の収入に追いつかなかったが、しばらくすると上回るようになった。

彼の話を聞いた時の私の一番の疑問は、なぜ彼だけがその企業ニーズを見出して実際に自ら独立に至ったのかということだ。日本には多くの金融機関があって中小企業を取引先にしている渉外担当の社員は数多くいる。私の学生時代の友人も同じ仕事をしていたのに、同様な話は聞いたことがなかった。

また、森谷さんの発言は肩に力が入っていなくて、その語る転身のプロセスもとてもシンプルであることに驚いた。先ほどの話で言えば、市場ニーズの把握、および個人の戦略立てができていたのだ。

何回か会って話を聞いているうちに、彼は勤める会社の枠組みの中だけのことではなく、自分の幸せや将来のことを自ら考えているからだと分かってきた。主体的に自分の頭で思い描いているのだ。

森谷さんに対するインタビュー時の言葉を借りれば、「(39歳になって管理職になる時期が近づいていたが)管理職になれば現場での実感のある仕事はできなくなるという危機感もあった」。若い時は社内の昇進にも関心はあったが、30代後半にはそれほど魅力あるものに思えなかったそうだ。

また全国転勤がある職場だったが、当時住んでいた関西の居心地がよかったので、ここで長く暮らせればよいということも考えた。妻も転勤がなくなったことを喜んでくれて、退職に際して双方の親からも反対はなかったそうだ。

顧客を見つける

顧客については、上場企業や大企業だけでなく、中小企業も含めた目で見ていけば、高いスキルがなくても重宝してもらえる場を探すことはできる、と森谷さんは言う。最初からそこを意識していたそうだ。その企業が成長するにつれて、自分も一緒にスキルアップしていけばいい、お互いに成長していこう、というスタイルで取り組んだ。

単に自分を金融機関の渉外担当という立場にとどめずに、市場のニーズを把握して自分に合った顧客を探し出したと言ってもいいだろう。まさに個人事業主的な観点で環境分析を行い、戦略を立てていった。

また彼は当時、『スモールビジネス・ファイナンス革命――小さな会社を強くする経営財務と資金繰り』というビジネス書を読んで、担保依存型融資からリレーションシップバンキング（金融機関が顧客と長期的かつ多面的な関係を構築することによって蓄積した情報をもとに金融サービスを提供すること）へ、という流れの一翼を担いたい気持ちもあった。

財務に関する仕事で社長の負担が大きい場合は、パートタイムのCFOで対応できる企業が数多くあると感じていた。仕事の途中から、これを自分のライフワークにしたい気持ちにもなったという。第2章でも述べた、自分なりの大義名分も持ったのである。

金融業界は自ら起業する人は少ないので、逆にチャンスはあるのではないかと考えていた。会社員は森谷さんの取り組む分野に進出してこず、需要はあるのに競争相手（供給者）が少ないので、チャンスがあると判断したのである。私が執筆において、サラリーマンは発信しないので、彼らを顧客にすればブルーオーシャンになり得る、と考えたのと同じパターンである。これも顧客をどう見つけるかの部分とつながっている。

一般に金融業界は給与水準は高く、かつ企業も安定している。それは個々の社員にとってもちろんいいことであるが、無意識のうちに組織の枠組みから出てはいけないと思い込みがちである。

余談になるが、組織内で働く内容や自分が生み出す成果に比較して多額の報酬を得ている人は、それほど「いい顔」をしていない。働きぶりや成果と受け取る報酬がきちんとリンクしていることが充実感を呼ぶのである。自分が働いた成果に比して給与をもらいすぎるのは必ずしもいいことではないと私は感じている。

ディズニーに学ぶ元警察官

京都市内の中心地、三条室町《さんじょうむろまち》にある欧風カレー「ガーネッシュ」の店主・吉野明彦《よしのあきひこ》さんは、少し変わった経歴を持つ。前職は警察官。京都府警で殺人や強盗事件など凶悪犯罪を担当する捜査一課にも所属して、その後は検視官として働いた。

転身するきっかけになったのは、東日本大震災の2週間後に宮城県石巻《いしのまき》市に派遣されたことだった。遺体の検視のために20人の部下を率いて被災地に入った。50歳の時だ。余震もある。そのなかで部下の安全や健康にも配慮しながら、来る日も来る日も検視を進めた。石巻市は以前に警察学校の研修で教官として来たことがあったが、その時の記憶と街の様子があまりに違っていたので大きなショックを受けた。

京都府警に戻っても、ああいう検視のやり方でよかったのかといろいろ反省することもあった。そうしたなかで、「自分は人の悲しむ現場でしか仕事をしてこなかった」という思いもあって、「これからは違う人生もありかな」と考えたという。

その時の心情を聞くと、警察官の仕事には誇りを持ってやってきたが、「先が見えてきた」と語ってくれた。若い時とは違って50歳を越えると、その後の仕事内容や定年までの自分の姿が見えてしまう。同時に、定年後から何か新しいことをするのは無理だと考えた。

吉野さんは単身赴任中も自炊をしていて、料理も好きだったので、飲食店をやろうと決めた。カレーに絞ったのは、自分も大好きで、同僚に振る舞うと喜んでもらえたからだ。

52歳で京都府警を早期退職する際には、「カレーショップをするので辞めます」と宣言した。警察官はほとんどの人が定年まで勤めるので周囲は驚くとともに、「そんなバカなことはするな」と言う人もいたが、カレー店をオープンして人の笑顔を作る仕事がしたいという吉野さんの決意は固かった。

警察官からカレーショップの店主というだけでインパクトのある転身であるが、そのプロセスにおいては、今まで述べてきた商売感覚や顧客の絞り込みがないとうまくいかない。

一口にカレーと言っても多種多様である。吉野さんは自分が小さい頃に憧れた銀色の皿に盛りつけられた欧風カレーを目指した。そこから対象とする顧客層や店の立地も検討した。

顧客対応を学ぶために東京ディズニーシーでほぼ1年間キャストとして働いた。警察組織はもともと笑いが少ない職場である。それと対照的な最高峰の顧客サービスを学ぼうと週に5日、入場ゲート近くで主にお客さんを迎える仕事に取り組んだ。実際に体験して開店後の顧客対応に役立てようと考えたのだ。

東京では、カレー激戦区と言われる神保町《じんぼうちょう》をはじめ、1年に200食ぐらいカレーを食べ歩いた。京都に戻ってからは、調理法や衛生管理、品質保持を学ぶため、いくつかのカレー店でアルバイトとして働いた。

新たにカレー店を開店するには、仕入れ先も決めなければならない。そこで吉野さんは、京都の飲食店の前に停まっている食品卸の車をメモして、ネットで検索しながら仕入れ先を検討した。警察の聞き込みでやっていたことと基本は同じだという。また、京都の中央市場の青果店には飛び込みで話を聞きに行った。その店とは今も取引が続いている。

退職の2年後の2014年に、欧風カレーを提供する念願のカレーショップを開業した。店のすべての食材は、吉野さんが自ら吟味して納得のいくものだけを使用している。

開店後は順調に店を切り盛りしてきたが、コロナ禍の影響はやはり大きい。店舗は京都のビジネス街の一角にあるが、会社のリモートワークなどで、行き交う人の数も一気に減った。今後は状況を見ながら店舗を運営するやり方を検討していく必要があるという。

最後に、警察官の時と現在のカレー店主との違いを聞いた。自分で決めることができることは何物にも代えがたい。ストレスは警察官の時と全然違う。自分でやりたいことがあればぜひ新たな人生に向かって飛び出すべきだ。そう語ってくれた。

顧客を子どもから教師に

かつて、小学校の教員から「教育サポーター」に転じた仲島正教《なかしままさのり》さんを取材して、新聞のコラムで紹介したことがある。彼は若手教師対象に「授業づくり」や「学級づくり」等のセミナーを開く傍ら、全国各地で「人権教育」や「子育て」「青少年育成」等をテーマに講演活動を行っている。

仲島さん（取材当時51歳）は、兵庫県西宮《にしのみや》市の小学校に21年間勤めたのち、市の教育委員会に異動となった。現場を離れると次第に疑問が膨らんできた。情熱を持って頑張っている教師は多いが、学校や教師に対する世間の目は厳しくなっている。特に若い先生を応援すれば大きな力になると確信した。一方で、自分にとって教師の仕事は天職だとずっと思ってやってきた。校長や教頭として現場に戻ることも捨てがたかった。

当時私が話を聞いて印象に残っているのは、彼の家庭訪問のエピソードだ。事情があって父親と２人で暮らしている小学４年生の男の子が書いた「仕事で頑張っているお父ちゃんが一番好き」という内容の作文を教室で読んだ。彼はその日の夕方、男の子の自宅をアポ（面会の約束）なしで訪問して父親に子どもが書いた作文を見せたそうだ。父親は家の軒先で涙を流して喜んだという。そうした現場を大切にする教師だった。

仲島さんは迷った末、「これまでは40人の子どもを元気にしようと頑張ってきた。これからは40人の先生を育てたい。そうすれば１６００人の子どもを元気にできる」と考えた。かつての教え子たちも「先生、私らにチャレンジしろって教えたやん」と後押ししてくれた。

取材した当時は独立して2年半で、若い先生の育成と講演に取り組んだ。また学級づくりや人権教育などの講演で全国を走り回った。不安だった収入は退職前には届かないものの順調に伸びていた。

彼は自分の「顧客」を、教えていた小学生から現場の若い教師に変更した。私から見ても、今の現場の若い先生方は多くの問題を抱えて戸惑ったり困ったりしている。それにもかかわらず大学を卒業してすぐに一本立ちして担任を持っている。教職の単位を取得したり試験に合格したからといって、すぐに一人前にはなれないだろう。

職人のような徒弟制度的な面がもっと求められているのではないか。私も定年後、教員の仕事を数年間担当したが、自分の努力だけでうまくいくほど人に教えることは簡単ではない。先輩から学ぶことや教えてもらうことは多い。そう考えると、仲島さんのような経験を積んだ教師から学べるものは大きい。

当時、仲島さんは月1回、若手教師を対象に「元気が一番塾」を主宰。多くの若手教師が参加していた。私が見学したある月の実践報告では、新任2年目の女性教師が、自身の取り組みについて発表した。

1年間の子どもの成長記録をビデオで紹介したのだが、彼女の報告を聴いて興味を持った。「クラスの38人全員を見ていたつもりが、数人を全く見ていなかった自分に気づいた」というのだ。たしかに、全体をぼんやり見ているだけでは何も見ていないのと同じことになる可能性がある。会社組織でも管理職が見逃しがちなことを、彼女は自覚していた。仲島さんの取り組みは実を結びつつあるように思えたのだ。

その後、仲島さんは、「元気が一番塾」を10年間（2005〜14年）、120回で一区切りつけた。10年間でのべ3300人の先生が参加した。この塾で学んだ先生たちも、ベテランになって学校の中心メンバーになっている。なかには教育委員会の指導主事になって若い先生を指導している人もいるそうだ。仲島さんは、講演に加えて、2021年6月「YouTube元気が一番塾」を始めた。60代半ばを越えて現役で活動している。

理想の副業→起業

外国人向け料理教室「わしょクック」代表の富永紀子さんは、会社に勤務しながら起業して、2年後に独立した。

富永さんは若い時から海外生活に興味を持っていて、ニュージーランドを旅した時に家庭料理がとても美味しくて、「外国人にとってその国の家庭料理はとても価値がある」という気づきがあった。

その後、徳島から上京してきた義母の手料理が味わい深くて、海外の人に食べてもらうと喜んでもらえるのではないかと閃《ひらめ》いて料理教室を開こうと決意した。義母から教わった料理をレシピにまとめた。

事業にまで結びついたのは、自分がアイデアを出したことで人に喜んでもらうのが好きだったこともある。薬学部を卒業したが、薬剤師の資格を役立てるよりは、商品開発やマーケティングの仕事がしたくて化粧品会社に入社した。主に商品開発の仕事に取り組み、シャンプーに商品名を付けてヒットした時にはとても嬉しかった。富永さんは、起業した会社を発展させるとともに、将来はニュージーランドへの海外移住を考えている。

45歳から副業に踏み出したが、なるべく経費をかけたくなかったため、自宅で週末のみ開催するところから始めた。平日の昼間は仕事なので、通勤の往復3時間と、ランチタイム、子どもを寝かしつけた後の時間も「わしょクック」のため有効活用する工夫をした。いきなり収益を上げることはできないので、会社員の立場で定収入を得ながら起業の準備を始めるのはリスクの少ないいい方法だと彼女は言う。また、会社員当時に知り合った顧客や出版社の人、ウェブ制作会社の人たちとの人脈が今の仕事にも活きているそうだ。会社勤めをしていなければ、そういう人にはなかなか出会えない。

その頃に書いたブログから、メディアの取材があり、仕事の依頼が来ることもあった。また、地元の商工会議所で小規模事業者補助金などの制度を活用した。

「外国人向け料理教室」を立ち上げてしばらくすると、「先生になるにはどうしたらいいのですか?」「私も外国人に教えたい」という質問や要望があったので、試しに講師になる人のための研修をやってみると、ニーズがあることが分かった。教える人を養成する仕組みを検討して「認定講師育成事業」も立ち上げた。その後、夫も勤めている会社を退職して経営に加わった。

「わしょクック」を設立した2016年はインバウンド（訪日外国人）需要が急激に高まった時期だったので、テレビ出演の依頼が来たり、法人向けの料理教室も開催するようになった。ところが20年からのコロナ禍で対面による料理教室の開催がほぼできない状態になった。

富永さんはそれまでZoom《ズーム》（ビデオ会議システム）も使ったことはなかったが、リモートで料理教室をやってみると、遠方の人や国境を越えて多くの人が参加できることに気がついた。それまでは対面での料理教室が中心だったが、思ったよりも手ごたえがあった。

料理教室に参加する人はコロナ前よりも増えて、認定講師も倍増した。もちろんこれから検討していく課題は多いが、富永さんの事業に対する熱意はまだまだこれからという勢いだった。

彼女は「60％準備ができたら動き出して、あとは実際にやりながら調整していけばいい」と話している。まさに第2章で述べた「行動して課題を解決する」というパターンである。

私は富永さんの商売感覚が素晴しいと感じた。そのポイントを箇条書きで示してみると

①ニュージーランドへの海外移住の夢と、料理教室の発展を含めた幸せの目標が明確
②家庭料理への気づきから起業を思いつき、料理を教える講師も「顧客」にしている
③義母が作る和食をモデルにしている（師匠がいる）
④会社員当時のマーケティングスキルを存分に使っている
⑤自分自身が楽しんでいる姿が伝わってくる
⑥コロナ禍でマーケットが大きく変わっても新たなチャンスを見出そうとしている

また第2章でも述べたが、彼女は自らの講演の中で「語り」の重要性も指摘している。繰り返しになるがここでも紹介しておきたい。「みなさん、夢を語ってください。ぼんやりとした夢でも語ることでいろいろ質問されるので、それを真摯に受け止めて、明文化していく。それがストンと落ちたら、再び語っていくと、そこから人脈やオポチュニティ（機会）が広がって、夢に近づいていけると思います」

私の失敗例

まず自らの「顧客」を定めることがポイントだ。その顧客は自分の労力や生産物を受け取る人という意味で、一般顧客のほかに、会社員、生活における諸課題で助けを求めている人たち、学びを求めている人、投資に興味を持っている人、上司や同僚、同じ業界で働いてい

る人など幅広く捉えてみる。それらの顧客に対して個人としてどんな付加価値を与えることができるかの課題になる。

そういう意味では、転身は基本的にニッチな市場であって、脚光を浴びるような大きなマーケットである必要はない。大手企業の営業職から犬の散歩業を始めた人や、経理の専門知識はないと言いながら老人ホームの運営をしている組織（経理担当者がいない）で週末にお手伝いに行って定年後の働く場所を見つける人や、大企業のIT産業の技術者が最先端の技術ではついていけなくなっても中小企業で自分の技術が活かせる場所を発見した人もいる。車の運転が好きなので、地域の社会福祉協議会の依頼に応じて高齢者や障害者を病院や役所に連れていくボランティア（自称「アッシー君」）をやって喜んでもらっている人もいる。彼自身は人の役に立っていると思える瞬間に一番幸せを感じると語る。

いずれにしても何が求められているかを嗅《か》ぎ取ることがポイントである。個人事業主としてやるので、一般的な法則やノウハウを求めるべきではない。あくまでも自分の中から抜き出すことが中心だ。

私は40代から自分なりの知識や見聞を伝えたいと考えていた。当時は生命保険会社で医療保障に絡む仕事をしていたので、この分野で情報発信できる存在になることを想定した。

そのため医療関係のＮＰＯに参加して実際に電話相談の研修を受け、セミナーなどにも関わった。また、生命保険業界の学会誌に医療分野の自由化に関する論文を投稿したこともあった。しかし私の活動が役に立つ顧客は見えてこなかった。医療分野は資格（医師、看護師など）を持った人が中心の世界であって、保険会社に所属している立場だけでは多少の発信はできたとしてもその先は見えなかった。

また、子どもの頃から演芸に関心があったので、吉本興業の放送作家を目指す学校のプレ講座に足を運んだこともあった。しかし50歳の会社員がいくら関心があっても、その世界に入れるチャンスはなさそうだった。吉本興業の社員も「楠木さんはお笑い好きだと言わない方がいい。ビジネスの分野で執筆できる機会があるのだからそこを伸ばすべきだ」とアドバイスしてくれた。また、阪神・淡路大震災後の地元の神戸に何か貢献できないかと考えもしたが、手がかりすら見つけることができなかった。

会社員を顧客に

私は50歳以降に会社員から転身した人たちのインタビューを繰り返すなかで、実際のサラリーマン世界は、互いに競争があり、多くの人が時間に追われて働き、顧客とのもめ事や社内の人間関係などのストレスに満ちていることを改めて感じた。

一方で会社員である個々人は、いろいろな夢や希望を持ち、期待や不安を抱えている。家族を含めた生活を充実させたいと考えている。しかしそれらの課題に応えるべく発信している人はほとんど見当たらず、この分野には確固たる専門家はいないように思えた。

会社員は数多くいるが、自ら発信する人は少ない。このため需要は大きいにもかかわらず、それに対する供給が小さいブルーオーシャンの世界に思えてきた。この分野なら私が50歳から始めてもチャンスはあるかもしれないと考えた。

そこで、会社員や公務員の仕事の傍ら本を出版していた人たちに実際に会って話を聞いた。ミステリー小説を書いている人や、サラリーマンの時間活用術やビジネス文書の書き方などを指南している人、充実した週末の過ごし方や鉄道旅の魅力など趣味にポイントを置いている人もいた。彼らの本の内容を読みながら、自分は何を書けばよいかを検討した。また、彼らに本を出版したいという想いも語ってみた。その時に、自分にもチャンスはあるかもしれないと感じたのである。

会社組織で働きながらであればリアルな情報をもとに発信できる。そして常に会社員という顧客を観察することもできる。会社を辞めればただのおじさんであるが、勤めながら情報発信すればインパクトもある。

商売人や職人、アウトローの人たちに囲まれて子ども時代を過ごしたことで、会社やサラリーマンを第三者的な立場で見ることができるアドバンテージもあると考えたのである。

当面は会社員を続けながら、物書き（発信者）という、もう一人の自分を目指すことにした。会社員を顧客にして、彼らが「いい顔」になれるような情報や機会を提供することをテーマに置いた。「50歳からは芸人になったつもりでやってみたい」「会社から離れて個人としてどれぐらいのことができるのか試してみたい」という気持ちだった。

もちろんすぐに個人事業主的な活動ができたわけではなくて、一定の時間を要したのも当然のことである。ただ、そこから20年近く経った現在も発信を続けていることを考えれば、その時の直感はあながち外れていなかったのだろう。この分野はまだまだ供給が不足しており、会社員にとってはチャンスがあると考えている。

また、当初希望していた演芸に関する発信や地元神戸のことを執筆する仕事も、会社員を顧客とする分野で評判を取った後に取り組む方がスムーズに行くかもしれないと思い始めた。

評論家ではなく当事者

政府が主導する働き方改革の影響もあって、副業禁止を緩和する会社や兼業を認める会社も増えている。私は50歳から定年退職までの10年間、会社員と著述業を並行して取り組んできたので、ときどき取材を受けたり、会合に呼ばれることもある。

コロナ禍の前に、人事担当者が副業を検討する打ち合わせに出席した。就業規則をどのように変更するのか、法的な問題は何かを、弁護士を交えて議論していた。最も気になったのは、社員がイキイキ働けるためには何をすればよいのかという観点がほとんど語られなかったことだ。目的と手段が逆になっていないかという疑問が会議中に頭に浮かんだ。

また先日、副業や転職をテーマにした会合に出た時に、40代の2人のサラリーマンが、勤めている会社の副業に対するスタンスや、周囲の社員がそれに対してどのように反応しているかばかりを熱意を持って語っていた。

「それであなたたちは何がやりたいのですか？」と私が聞くと、「起業に関心がある」「社会人大学院に通うことも考えている」などの漠然とした答えしか返ってこなかった。彼らは副業のことを評論家のように語っているだけで、その言動に「寄らば大樹の陰」というか、会社にぶら下がっている姿勢を感じた。自分の可能性を広げるために会社員の立場をうまく使うことと、会社の持つ権威に自らを委《ゆだ》ねることとを混同していた。

経験者としてあえて言わせてもらえば、まずは個々の社員が主体的に「うまくやること」が何より重要なのだ。もちろん、会社の情報を持ち出すなど、会社に迷惑をかけることは論外である。そのうえで具体的に言えば、「会社の仕事をないがしろにしない」「直接の上司や同僚といい関係を築くこと」である。この2つを押さえておけば、それほど副業の問題はややこしくならない。

つまり、会社の仕事をまずはきちんとこなすことが第一の要件である。会社側は仕事がおろそかになることを恐れているからだ。そして副業が順調に育ってくれれば、会社での仕事もよくなるケースが多い。

私自身は、10年間に10冊余りの本を書き、テレビやラジオに出演したこともあったが、幸い会社から何か指摘されることはなかった。実際には先ほどの2つの点を意識していたので会社での仕事をおろそかにしていると判断されなかったのだろう。もちろんそれぞれの会社のスタンスは異なっているので、それに対して十二分に留意しておくことを忘れてはならない。

会社の副業に対する姿勢を気にしすぎたり、周囲の同僚の動きを確認しているだけでは何も進まない。自分がシナリオを書き、自ら動く必要がある。副業において社員は評論家ではなく当事者であるからだ。

最近、みずほフィナンシャルグループは、希望する社員に、週休3日や4日の働き方を認める制度を導入する方針を明らかにした。また全日本空輸（ＡＮＡ）は、コロナ禍の厳しい経営環境もあって、社員が兼業できる範囲を拡大し、他社でのアルバイトなどを認める方針を固めたと伝えられている。日本の代表的な会社も兼業や副業を認める方向に動き始めている。自分が主体的な姿勢を持って「顧客」を探せる土俵が広がっている。自分自身の物語の主人公になるチャンスが生まれているのだ。

第5章　師匠を探せ
——出会わないと変われない

野村再生工場

この章では、転身者とそれを導く人との関係について述べていく。

選手としても監督としても、日本のプロ野球界では傑出した存在だった野村克也《のむらかつや》は、戦力外となった選手が自身のエネルギーをうまく前向きの力に変換させる指導法で「野村再生工場」と呼ばれた。転身を助ける指導者の典型的な例としてまず紹介しておきたい。

投球フォームをオーバースロー（上手投げ）からサイドスロー（横手投げ）に変更して主に左打者へのワンポイントリリーフで再生した阪神の遠山奬志《とおやましょうじ》や、楽天に移籍してから野村監督の指導を受けて39歳で本塁打王、打点王を獲得した山﨑武司《やまさきたけし》などの選手がいるが、ここでは江夏豊《えなつゆたか》と小早川毅彦《こばやかわたけひこ》の例を見ながら野村が選手を再生したケースを考えてみよう。

2020年3月、亡くなったばかりの野村克也を偲《しの》んで放送されたテレビ番組（「スポーツ酒場〝語り亭〟スペシャル『ありがとうノムさん』」）で、江夏豊、福本豊《ふくもとゆたか》、古田敦也《ふるたあつや》、宮本慎也《みやもとしんや》、小早川毅彦といった、現役時代にしのぎを削ったライバルや指導を受けた教え子たちが、野村監督のことを1時間にわたって語っている。この番組での発言や江夏の著書『燃えよ左腕——江夏豊という人生』も参考にしながら検討する。

1976年に阪神から野村監督率いる南海にトレードされた江夏投手は、移籍1年目は6勝12敗の成績で、選手生活としてはどん底だったと語っている。当時、野村と江夏は同じマンションに住んでいて、試合から帰った後、野村の部屋で夜明けまで野球談義をするのが日課だった。ある晩、野村が「なあ豊、野球界にいっぺん、革命を起こしてみろよ」と言った。

これからの野球は変わり、投手も先発、リリーフ（救援）というように分業制になってくる。そのリリーフ投手の先駆者にならないかという呼びかけだった。2か月、3か月と説得は続いた。江夏はそれまで、先発完投が投手として当たり前だと考えていた。「救援降格は自分にとって屈辱以外の何物でもない。だが革命ならやってみる価値はあるかもしれない」と受け取った。また、投手人生の盛りを過ぎた自分は120、130球を投げて完投するのはもう無理だが、30球、40球なら生きた球を投げられる自信がある、自分には向いているかもしれない、と最後には納得した。

江夏はリリーフ専門に転向して最優秀救援投手のタイトルを獲得するとともに、その後10年近くリリーフ投手として活躍した。移籍した広島では１９７９年から80年の2年連続日本一にも大きく貢献している。「投手の分業時代が来る」とにらみ、自分をリリーフに抜擢《ばってき》した野村監督の先見の明に感心したという。テレビ番組中に野村監督のことを問われて「恩人。大恩人としか言えない」と江夏は語っていた。

１９９７年のヤクルトは、巨人との開幕戦で５番に起用された小早川毅彦選手が3打席連続本塁打を放ち、相手エースの斎藤雅樹《さいとうまさき》投手を攻略して波に乗った。その年は、野村監督率いるヤクルトがペナントレースを突っ走った。広島出身でカープのプリンスだった小早川選手は前年、戦力外の宣告を受けて自由契約となった。しかし「このままでは終われない」との思いから低年俸でヤクルトに新天地を求めた。広島時代はあまり深く考えずに打席に立っていたが、情報重視を徹底する野村監督の姿勢と毎回の充実したミーティングに驚いた。

巨人との開幕戦の前日ミーティングでは、バッターのカウントが、「1ストライク3ボールになれば、斎藤投手は外側からのカーブでストライクを取りにくる」という内容を伝えられた。ストレート待ちかと思ったが、カーブを待って振った打球はホームランになった。その前後の打席もホームランで3打席連続本塁打を記録した。ベンチに帰って「監督ばっちりです」と言うと、野村は「カーブが来たやろ、カーブが来たやろ」と嬉しそうに言った。あんまり何度も言うので「打ったのは僕ですよ」と小早川は返したという。

固定観念は悪、先入観は罪

番組の中のVTRで、野村監督は「9つのポジションにはそれぞれ多様な条件がある。その条件に合うか合わないかを見つけるのが監督の仕事だ」と、選手の個性に合わせた指導の重要さを強調していた。「固定観念は悪、先入観は罪だ」として、既成概念で選手を見てはいけないと戒めた。そのうえで「(自身の持っている)可能性を引き出すことが人生そのものではないですか」と語っていた。

自分自身を知って可能性を探ることが転身力であるとすれば、野村監督が自分を変えたいと願っている選手(転身者)にとって師匠となり、野村再生工場と呼ばれたことにも十分な理由があると思いながらテレビ番組を見ていた。

また、現役時代に捕手の野村克也とは、盗塁の成否をめぐってライバル関係にあった福本豊選手も番組に登場していた。世界の盗塁王と言われた福本選手の盗塁を封じるため、野村捕手が「(投手の)クイックモーション」を開発して対抗するなど、互いに切磋琢磨《せっさたくま》する間柄だった。

福本は、楽天からドラフト1位指名を受けた田《た》中《なか》将大《まさひろ》投手の親戚にたまたま出会ったという。「楽天に指名されたのですが、大丈夫でしょうか？」と聞かれたらしい。それに対して福本は「一番いいところに行くことになったと思いますよ」と答えたという。野村監督は、周囲からボヤキとかいろいろ言われることがあるが、昔から多くの投手を見てきているし、自分でも実際にボールを受けている。また細かい点も見ることができると理由を述べていた。ライバルからも高く評価されていたわけだ。

実は私はかつて、野村監督の話を間近で聞く機会に恵まれた。生命保険会社で支社長をしていた時に、野村監督を招いて顧客向けの講演会を主催したのである。講演は無事終了したが、夫人との待ち合わせまで時間があったので、1時間近く会場の控え室で待ってもらうことになった。

私が大阪スタヂアム（ナンバ球場とも呼ばれていた）で見たプレイングマネージャー（選手兼任監督）だった時の野村捕手の二塁への送球が矢のようで驚いたという話をすると、それを受けていろいろな野球談義をしてくれた。また、接遇を担当していた女性社員の質問にも丁寧に答えてくれた。控え室は良質な興奮状態に包まれた。野村監督を送り出して控え室に戻った時、女性社員が、会社組織のリーダーとしても魅力があると語っていたことを覚えている。

先ほどのテレビ番組に登場していた古田敦也、宮本慎也、小早川毅彦は当時、ヤクルトで野村監督の指導を受けた。彼らは、野村監督が主宰するミーティングは、野球だけでなく、社会人としての常識などの話が非常に多かったと話していた。野村監督は著書で「勝負の世界であるから結果至上主義なのは当然だが、いい結果を出したいからこそ、まずは選手たちの『人づくり』に励むのである」と述べている（『野村ノート』）。彼は番組内でも、指導者が黙っていても選手が自分で考えて動くというのが理想じゃないですかと述べ、会社でも何でも一緒でしょうと語っている。

おそらく、野球の技術的なことを教えようとしたのではなく、各個人が自己の可能性を広げる思考を促すようなミーティングを目的としていたのではないか。野村監督は、ミーティングの効果として「意識が変わることで野球観が変わり、その選手のプレーが変わる」と述べている（『野村ノート』）。私の知人の編集者が、野村監督の本はビジネスマンに固定ファンがいて必ず売れる、と言うのを聞いた時、講演会の控え室のことを思い出したのである。

山崎邦正から月亭方正へ

「ダウンタウンのガキの使いやあらへんで！」（日本テレビ系列）をはじめ、数々のバラエティ番組で人気を博していた山崎邦正《やまさきほうせい》は、40歳を目前にして落語に出合い、落語家「月亭方《つきていほう》正《せい》」に転身して活躍している。

ここ数年、彼の落語を大阪の天満天神繁昌亭《はんじょうてい》や神戸新開地の喜楽館《きらくかん》などの定席《じょうせき》や地域のホールで聴くことが多い。若い頃から噺家《はなしか》として活動している人とは一風違った趣があって、会場の雰囲気が切り替わる感じがある。もちろんテレビのバラエティ番組での活躍の影響もあるだろうが、噺家一本で来た人とのキャリアプロセスの違いが大きい。寄席《よせ》にもそうした多様性が大切だと私は思っている。

彼は１９８８年にデビューしたのち、テレビで「アホ、ヘタレ、おもんない」キャラで人気を得ていたが、学校ではずっと「おもろい、おもろい」と言われていたので、芸人になった当初は自らの立場に納得がいかなかった。しかし20代半ばで発想を変えてそのキャラを受け入れると仕事はうまく回るようになった。

ところが40歳を目前にして、今後の芸能活動や自分の路線について悩んでいた。女性漫才師の海原《うなばら》ともこは、山崎邦正が「ずっと漫才やってて（君らは）えらいなあ。おじいちゃんおばあちゃんばかりやのにあんなにウケるのはすごい。場数もやってるしな。俺には何にもないねん」と話しかけてきたことがあったとテレビ番組で語っている。彼女が山崎と仕事で一緒になった時のことだ。また営業に行った時、後輩のチュートリアルやブラックマヨネーズは漫才をやって爆笑を取れるが、山崎本人は20分の時間をもらっても目の前にいるお客さんを一人では喜ばすことができないと感じていた。

もちろんこの世界で20年やってきているので、テレビの生放送で笑いを取る自信はあった。でも、それは必ずしも彼が求めているものではなかった。40歳を前にして大きく落ち込んだという。自分はどうすればよいのかと考えた時、思いついたのは新喜劇をやりたいということだった。そして松竹新喜劇の藤山寛美《ふじやまかんび》や吉本《よしもと》新喜劇のビデオを取り寄せて毎日見ていた。ところが当然ながら一人では新喜劇の練習すらできない。

その頃、芸人として先輩の東野幸治《ひがしのこうじ》にテレビの仕事以外にも何か挑戦したいと相談したところ、「桂枝雀《かつらしじゃく》さんの落語、聴いてみたら」と勧められた。

実際に桂枝雀の「高津《こうづ》の富《とみ》」を聴いてみたところ、こんなに面白いものが世の中にあるのかと感じてそのとりこになった。それから古典落語をほぼ毎日聞いていると、これは一人でやれる新喜劇であることに気がついた。いくつもの役柄を座布団の上で一人で演じることができる。「よっしゃー。ずっと探してたんは、これやったんや」と思った。

私はある落語会が終了した後で、桂福團治《ふくだんじ》師匠と同じテーブルで話を聞く機会に恵まれたことがある。その時に師匠から「落語は総合芸術なので自分一人で何でもできる」という趣旨の話をうかがったが、それに近いことを方正は感じたのだろう。

テレビを中心に仕事をしていた時には、落語や歌舞伎といった伝統文化はあえて遠ざけていたが、こんな素晴らしい芸能が日本にあったのかと落語に目覚めた。その後、「聴くだけでなくやってみたい」と考えるようになった方正は、本格的に落語の勉強を始めた。

師匠の月亭八方（左）、兄弟子の月亭八光（右）と記者会見に臨み、「『山崎邦正』に未練はありません」と語った月亭方正。2013年12月17日撮影。写真提供、読売新聞社。

ただ、古典落語は噺家の共有財産でもあるので、演じるのに落語家に許可をもらう必要もあると考えた。落語家との付き合いはほとんどなかったが、テレビで一緒に仕事をした月亭八光《はちみつ》を通して実父の月亭八方《はっぽう》師匠の落語会で客演として落語「阿弥陀《あみだ》池《いけ》」を演じた。２００８年５月のことである。

その日の打ち上げの席で八方から「月亭方正」の名をもらった。その時は、立川談《たてかわだん》志《し》師匠が北野《きたの》武《たけし》を弟子にしたように、本格的な落語家としての弟子ではなく、Ｂラインというか、有名人などを弟子にするイメージではなかったかと月亭方正は語っている。その後も月亭八方が主催する毎月の落語会で毎回異なるネタを舞台にかけていた。それこそ落語漬けの毎日が続く。

月亭方正が落語家になることには、落語家の中にも異なる受け止め方があったと、彼はテレビ番組で語っている。「テレビで売れてるんやからそこでやっていたらいいじゃないか」と考えるグループもあれば、「よう来てくれた。これから一緒に古典落語のすそ野を広げてくれ」というグループもあった。月亭方正は、自分は横入りみたいなものなので、前者の考え方があるのも当然だと語っている。

その後、2009年12月に月亭方正は正式に上方《かみがた》落語協会に入った。そこでもいろいろともめたらしい。月亭方正は師匠の月亭八方から何も聞いていないが、他の師匠から「おまえが協会に入る時は大変やったんやぞ」とのちに聞く。反対派の人は「何でやねん！　あいつ修行したんか？」という意見もあったが、八方師匠が「もし方正が何かしたら、俺もやめるから」と言って入会が認められたことを聞いた。当然彼は感動したが、なぜ師匠がそこまでやってくれるのか分からなかったとも述べている。

彼は子どもが生まれた時は嬉しくて、周りがすべてピッカピカに見えたという経験があった。初めて落語をさせてもらった時もそれと同様で、お客さんとか、自分の持っている扇子とか、とにかく全部ピッカピカに光って見えたという。やっと自分の魂が求めていたものに出合ったからだろう。

師匠とメンター

タレント山崎邦正から落語家月亭方正への転身においては、月亭八方師匠の存在を抜きには語れないだろう。月亭方正自身も、八方師匠についていなければどうなっていたか分からないとも語っている。

また彼の歩みのプロセスを見れば、東野幸治の「古典落語を聴いてみたら」というアドバイスや月亭八光とのテレビ出演がなければ転身の形は相当変わっていただろう。自分自身の力だけでは転身すること自体できなかったかもしれない。

多くの転身者の話を聞いていると、この月亭方正の場合と同様に、思いもかけない出会いに導かれていることが多い。しかもこの偶然と思える出会いは、第4章で触れた顧客を探している時、言い換えれば、「自分をどこに持っていけばいいのか」「他人に喜んでもらうためには何をすればいいのか」などと自分を変えようとする時に出会いが生まれている。組織の枠組みの中で、仕事本位で働いている人は、そうした偶然に巡り合わない。私自身の体験もまさにそうであるが、同様な趣旨を話す転身者は多い。

このように導いてくれる存在は、取材から見れば2つのパターンがある。あえて言えば師匠とメンター（助言者）と呼んでもいいかもしれない。師匠とは、転身者がその人の一挙手一投足を学ぶことによって次のステップに近づくことができる、お手本のような人である。

月亭八方師匠は文字通り師匠であるが、役職などには関係なく、自分の立場を変えようとする人が次の世界に行くためにお手本になる人であれば、師匠と呼んで差し支えない。当然ながら、その人が他の人にとっても師匠になるかどうかは分からない。あくまで転身者との個別の関係なのである。

一方でメンターとは、アドバイスや助言、または人を紹介するなど転身のプロセスの中で何らかの形で転身先に到達する方向性を支援してくれる人である。先述の古典落語への興味を呼び起こしてくれた東野幸治は、月亭方正にとってメンターの一人だと言っていいだろう。師匠やメンターの助けを借りて転身先に到達する人は多い。もちろん、それはその人にすがって助けてもらうという意味ではない。あくまで本人の主体的な姿勢が転身の前提にあるのだ。

師匠を呼び込むポイント

転身のプロセスとそこに現れる師匠、メンターとの関係についてもう少し詳しく述べてみたい。主に3点のポイントがある。

○欠乏感、不足感

転身を求める人にはある種の欠乏感・不足感があって、それを埋めたいという欲求がある。自分が変わりたい理由と言ってもよいだろう。18頁でも述べた中高年会社員の「こころの定年」状態の発言を最大公約数でまとめると、「誰の役に立っているのか分からない」「成長している実感が得られない」「このまま時間が流れていっていいのだろうか？」という言葉になる。これも、ここで言う欠乏感・不足感の表れである。

その欠乏感はどこから生まれているかを考えると、本当に自分が求めているものと社会や組織が評価しているものを混同した結果であることが多い。会社勤務で安定した生活は手に入ったが、成長感も得られず、誰の役に立っているのか実感できない仕事をこのまま続けていくのかという疑問である。その際には、残り少なくなってきた時間という人生の大切な資源に漠然と目が向く。

もう一つの大切な人生の資源であるお金については、数値に換算できて身近でもあるので家計簿などで管理できるが、人生の持ち時間についてはお金ほど真剣かつ具体的に考えている人は少ない。

自分が変わりたいと考えている人は、多分に人生の時間軸で物事を考えている。月亭方正も著書では論語の「四十にして惑わず」などの言葉を引用しながら自らの欠乏感と年齢について述べている。

その欠乏感が行動まで結びつく人は、全体としては少数派である。欠乏感を持っていても動けない人が少なくない。また、順調に進んでいる人はこの欠乏感、不足感が小さいので、転身における出会いは訪れにくい。

山崎邦正は、テレビではよく売れていて、周囲から見れば羨まれる立場だったのだろう。しかし、自身が本当に求めているものを意識し始めたからこそ、「俺には何にもないねん」とのつぶやきにつながったのである。

○見極める直感

これは必ずしも意識的な場合だけではなく、意識せずに師匠やメンターを探している人もいる。ただ転身のプロセスの途上では、その人が師匠やメンターであることがその時は分からないことが多い。後から振り返ってそれに気づくのである。転身の途上では、「何かこの人はヒントを教えてくれそうだ」という直感的なものが働いているだけである。

私も会社員から転身した人の話に没頭していた時には、彼らの立場を変えたプロセスの中に貴重なヒントがあることは漠然と感じていた。しかしそれが何かは当時は分からなかった。

執筆や発信とも全く結びついていなかった。うまく言葉にできなかったという方が正しいかもしれない。いずれにしても、直感に基づいて動いていると、何らかの出会いを得られることが多い。

月亭方正のケースでは、東野幸治の「桂枝雀さんの落語、聴いてみたら」という発言が次のステップへの道を切り拓いているが、彼がたまたま東野幸治に聞いたわけではないだろう。著書の中では「僕は東野さんをすごく信頼してるんです」という表現があるのだ。

月亭八方師匠についたのも、息子の月亭八光とたまたまテレビで一緒だったという理由だけではないと思われる。40歳から落語家に転身するのにどの師匠につけばよいかは無意識であっても計算していたはずである。関西の落語家一覧を参照しながら考えてみると、最も賢明な選択をしているように私には思えるのである。また彼の著書では、当時八方師匠は落語に力を入れるため勉強会を主宰していたと書いている。そういう師匠の状況も追い風になっていたのだろう。

余談であるが、私は学生の時、八方師匠がパーソナリティを務めていた「MBSヤングタウン」というラジオ番組のクイズコーナーに出演したことがある。自宅から電話で参加した。その時のやりとりからも、八方師匠の枠にとらわれない自由な発想をうかがうことができた。クイズでの結果は正解に至らず、番組のスポンサーの製薬会社から参加賞の目薬が送られてきたが、母親は「これは売り物にならない」(当時、実家は薬局)とぼやいていたことを覚えている。

この自らの師匠やメンターを見分ける直観力というのも、転身のプロセスには必須の要素である。第2章(39~41頁)のスプレーアーティスト、駒師もそうなのである。繰り返しになるが、ここで言う師匠やメンターは、落語家の師匠や学校の先生である必要は全くない。ただ、同じ職場で机を並べているような同僚は、転身プロセスの中には登場しない。それに対して、元上司や同じ会社内にいても一定の距離のある人たちは現れる。同じ価値観の中にいる人からは刺激をもらいにくいのである。

○一途な姿勢・気持ち

繰り返しになるが、師匠やメンターは絶対的、客観的なものではなく、あくまでも転身を求める人との間に存在する相対的な関係にすぎない。ただそこには両者が結びつく一定のルールがある。一言で言えば、師匠やメンターの側がどのようなスタンスになるかということだ。転身者のために何かを教えてあげよう、彼のために役に立ってみたいという気持ちにさせることが必要になる。

月亭方正の転身の際に登場した東野幸治、月亭八光、月亭八方師匠はみな、彼の転身を応援したいという気持ちになっていたはずである。月亭方正が、落語について心得があるとか、上手に演じることができるとか、落語家になってもう一度売れたいという気持ちであれば、彼らが師匠やメンターの気持ちを持つには至らなかっただろう。

どうしても落語を自分のものにしたい、これが自分の心の底から求めているものだという一途《いちず》な気持ちと、落語を通じて自分を成長させてお客さんを喜ばせたいという純な思いがあったからこそ、協力しようという気持ちを周囲に起こさせるのである。

会社員の場合では、専門的な知識やスキルを持つことが転身する際のポイントだと勘違いしている人が少なくない。「〇〇大学院の〇〇先生のもとで学んできたので、それらの経験を活かして人事コンサルタントとして活躍したい」などと発言する人もいる。もちろん専門知識を高めることは大切であるが、それよりも周囲の人から「彼だったら協力しよう」という気持ちを持ってもらえることが大切なのである。

月亭八方師匠は山崎邦正を弟子にする際、落語を演じる力量を見ていたのではない。どういうことがあっても落語に関わりたいという一途な気持ちが「もし方正が何かしたら、俺もやめるから」という発言につながっていると思えるのである。２０２１年の４月に初めて弟子を取った月亭方正は「まずは武器も鎧《よろい》もプライドも全部捨てて、まっさらな心を作ってくれと指導しています」とテレビで語っている。

次世代へバトンタッチ

今まで取材してきた実感から言うと、師匠側の状況や事情も絡んでいることが多い。ここで言う師匠やメンターの役割を担う人たちは、彼らも過去に誰かに導いてもらって今の立場に至っている。他の人から受けたご恩があって、それをまだお返しできていない。そういう気持ちがあるところに、目の前に現れた転身者に何かを与えることによって自らの負い目や負債を減らそうとするケースがある。

消防署の勤めを定年で終えたのち、お花見、餅つき、盆踊りなど季節ごとの行事の責任者として地域活動に取り組むとともに、諸団体との調整や地域の相談事にも対応して、地域活動のリーダーとしてまさに師匠役の活躍をしている60代男性がいる。彼は「自分が小学生の頃、地元のオジサンたちが自分たちとよく遊んでくれて、いろいろなことを教えてくれた。当時のことを思えば自分でも何かお役立ちになるのなら当然地元にお返しをしないといけない」といった気持ちで後進を育てているという。

落語家の林家竹丸《はやしやたけまる》さん（161〜162頁に後出）の弟弟子が、「落語家の師匠は、右も左も分からない内弟子に対して、3年の間、月謝も取らずに落語の稽古《けいこ》をつけてくれる。おまけに食事の面倒まで見て、お小遣いをくれることもある。それでは、一人前になって稼げるようになった弟子は、どのようにして師匠に恩返しをするのか？　それは自分が弟子を取った時に同じようにご飯を食べさせて落語の稽古をつけることなんです。次の若い人につないでいくわけですな。親子みたいなものですわ」と語っていたのが印象的だった。

ビジネスのように何かを生産して取引によって利益を生み出すということではなく、親や先輩から受け継いだものを次の世代にバトンタッチしている。先述の月亭方正は「師匠に命をいただいたので、それは受け継いでいきたい」とテレビ番組で語っている。

そう考えると、会社員の転身について多くの人から取材を通して諸々のヒントをいただいた私も借金まみれである。でも彼らには何か直接返せるものはない。できるとすれば、彼らからいただいた生き方や働き方のヒントを著作活動で下の世代にきちんと伝えることだろう。

師匠になるにはまだ未熟な私だが、今後力量が伴ってくれば楠木流を立ち上げて楠木小新や楠木新太郎などの弟子を取りたいと冗談で言っている。そうしなければ借金まみれのままで人生が終わってしまう。

会社員から著述業や大学の教員に転身して一番大きな学びは、過去の知的財産や取材によって得たものを、次世代の人やそれを求める人に対してつないでいく関係を体感できたことだと思っている。

シャワーを浴びる

転身の一つのポイントは、自分の目標になる人やそこに到達する方法をすでに実践している人の「シャワー」を浴びることである。

自分の転身と同じ道筋をたどる先達ではなくても、似たような転身を図った人がいれば、その人を参考にすることにより、自分の目標や次のステップが明確化される。第1章（13〜15頁）で紹介した竹原信夫さんは、私にとってまさに師匠と言える人であった。竹原さんの事務所で私が作成した会社員から転身した人の一覧表を見てもらった時に「これはモノになります」と言ってもらって大いに自信になった。

転身に対して不安を抱く人にとっては、参考にできる師匠を実際に見ることによって、自分がやっていることが荒唐無稽なことではなく可能性があることを実感できる。新たな選択肢を得ることができるのだ。

直接転身のことではないが、サッカーのヴィッセル神戸に所属するセルジ・サンペール選手はかつて、スペインのFCバルセロナの下部組織でトップチーム昇格を夢見ていた。ところが、18歳の時に1型糖尿病を発症。医師からは「もうサッカーはできないだろう」と告げられた。この病を抱えながら活躍するサッカー選手を調べたが、全く見つからず最初は悲嘆に暮れた。しかし同じ病を持ちながらプロ野球選手として活躍する阪神タイガースの岩田《いわた》稔《みのる》投手の存在を知った時は大いに励みになったという。サンペール選手は、糖尿病を抱える人々へ「自分の人生を制限しないでほしい」というメッセージを送っている。

私もかつて同じ部署にいた先輩が大学教員に転身したことを目の当たりにして、こういう道もあるのだと驚くとともに、自分でもできるかもしれないと思ったのである。それが結果的に大学教員になることに結びついた。また、会社員の傍ら執筆活動をしている人たちに会うことによって、自分もできるのではないかという希望を抱くこともできた。

転身のプロセスは、あくまでも可能性なので、現実の人の歩みを参考にすることによって自身の決意も高まる。地方公務員から大道芸人に転じた人は、プロの落語家から「大丈夫。やっていける」というアドバイスをもらい、独立することを決めたと語っている。自分の前に先達がいると、方針を決めやすく行動にも移しやすい。転身者が気づいていないことを助言してくれることもある。

取材例や私の体験からすると、理想的には導いてくれる人が複数いる方が転身の道筋が見えやすい。団体や同好の志の集まりがメンターの役割をすることは少なくない。多様な情報が流れているネットワークの中にいることが有効である。私の場合だと、取材で話を聞いた転身者だけでなく、社会人大学院の仲間、ライター講座や小説講座を一緒に受講した人たちも大切な存在である。

付け加えて言うなら、自分が心から尊敬できる師匠を持った人は、「あの人に恥じないように精進していこう」と頑張ることができる。また、師匠は転身者が自分の立場を脅かすような可能性がある時には転身者や弟子の成長を阻む場合があるかもしれない。

「勝手弟子」になる

これまでは転身における師匠と弟子との関係に重点を置いて述べてきた。まだ転身先や次のステップが見えない時にどうするかも一つのポイントである。

これも決まったノウハウなどはなく、やはり人それぞれである。自分が変わりたいという気持ち、その背景にある自身の欠乏感や不足感と正面から向き合うことであろう。その時は今まで述べてきた先達の存在が大きい。書籍から糸口を得たという人もいるが、人との出会いを語る人が大半である。私も例外ではなくほとんどは人から手がかりを得たのである。

40歳で遭遇した阪神・淡路大震災の頃から、会社員を続ける以外の道を模索したが、次のステップはすぐには見えてこなかった。当時は、新聞やネット、地方公共団体の広報誌などで興味や関心のある講演会の案内が目に留まれば意識して話を聞きに行くようにしていた。一つの仕事で名を成した人物や、ある分野で活躍している専門家に、1時間や1時間半の話を聴くことが、これほど大きな刺激と影響を受けるとは思わなかった。

思いつくまま挙げても、弁護士の堀田力《ほったつとむ》、中坊公平《なかぼうこうへい》、文化庁長官も務めた心理学者の河合隼雄《かわいはやお》、宗教学者の山折哲雄《やまおりてつお》、当時96歳だった浮世絵師の六代目歌川豊国《うたがわとよくに》、死生学を専門としたカトリック司祭で哲学者のアルフォンス・デーケン、プロ野球選手や監督として活躍した野村克也、ラグビーの平尾誠二《ひらおせいじ》などだ。振り返って考えてみると、彼らから刺激を受けることで何かを見つけようとしていたのだろう。質問の時間があればできるだけ手を挙げることを心がけた。

大阪の朝日カルチャーセンターの講演で、中坊公平氏が企業側の顧問弁護士から被害者を救済する側の弁護士に転身するきっかけを私が質問した時に、彼は森永ヒ素ミルク中毒事件を担当したことだと語ってくれた。その時44歳だったという話を聞いて、当時42歳だった私は「まだ間に合うかもしれない」と興奮したことを今でも覚えている。大阪での講演会の後、山折哲雄氏の話を居酒屋で聞く機会に恵まれた。マザー・テレサ（社会奉仕活動で有名なカトリック修道女）に初めて会った時の印象などを伺った記憶がある。

また、文章を書き始めてからは、日本ペンクラブや地方公共団体、図書館などが主催する作家やジャーナリストの講演会・セミナーにも積極的に足を運んだ。浅田次郎《あさだじろう》、山本一力《やまもといちりき》、髙村薫《たかむらかおる》、なかにし礼《れい》、唯川恵《ゆいかわけい》、井上荒野《いのうえあれの》、角田光代《かくたみつよ》、落合信彦《おちあいのぶひこ》、重松清《しげまつきよし》、難波利三《なんばとしぞう》、田原《たはら》総一朗《そういちろう》、沢木耕太郎など数え切れないほどだ。これも無意識に師匠を探していたのだと後で気づいた。プロの作家の大半は、独立独歩といった感じではなく、編集者などから応援してもらえるような雰囲気を持っていた。田原総一朗が討論番組「朝まで生テレビ!」(テレビ朝日系列)で見せる激しさとは違い、セミナーではやさしい眼差《まなざ》しで語ってくれたことも印象に残っている。また、文章講座で直木賞作家の難波利三先生に添削してもらった原稿は宝物のように思えた。

他人からヒントをもらうこともある。自分よりも周囲の人の方が自分のことをよく分かっている場合もあるからだ。知人が「こういうこともできるんじゃないの?」といった発言通りにやってみると、「なるほど」と感じることがある。地方公務員から50歳の時に竹細工職人で独立した人は、同僚から「東急ハンズのハンズ大賞に応募してみたら」という勧めに従って入賞したことが次のステップに移行するきっかけになった。

生涯にわたって転身を続けた俳優の藤田まことは、その著書で「勝手弟子」になることを勧めている(『年をとるのも悪くない』)。面識はなかったが、新国劇《しんこくげき》(昭和期に人気を博した大衆劇団)の屋台骨を支えた俳優の辰巳柳太郎《たつみりゅうたろう》を勝手に自分の師匠と決めた。辰巳柳太郎の説教くさくない歳の取り方に憧れたからだそうだ。芸の極意はなかなか盗めなくても、歳の取り方なら真似ができるかもしれない、と彼は考えた。アクションも拳銃《けんじゅう》もパトカーもない「はぐれ刑事」の役作りをする際に参考になったと書いている。

藤田が言うように、自分が憧れを抱く人を勝手に師匠に見立てて、そこから学ぶこともできる。もちろん、ここでの師匠は学校の先生や年上の人である必要はない。

書籍で読んだ人やテレビで見た人を師匠とすることもできるだろう。すれ違っただけの人の佇《たたず》まいに学ぶことも可能である。もちろん転身という場面を考えると、ある程度その人のことを知り、自分と重ね合わせることが求められる。常に師匠を探すアンテナを張っていることが大切である。

『日本経済新聞』のコラム「あすへの話題」で、資生堂社長兼CEOの魚谷雅彦《うおたにまさひこ》は、「メンターを得るには能動的に動くべきだ。（中略）本気でメンターを求めるなら、講演会などに積極的に足を運び、挙手して質問しあいさつする。たたけよ、さらば開かれん」と述べている（2020年8月31日夕刊）。彼に「メンターになって下さい」と地方から東京まで会いに来る若者もいたそうだ。

複数人に重ね合わせる

私も若い頃は、社内にも将来こういう人になりたいと思えた人が何人かいた。学歴には恵まれていなかったものの、部下の信頼も厚く営業一筋で常に実績を上げていた上司、役員会に出席する時も部下の私たちと話す時も全く同じ姿勢で接してくれた企画部長、何回書いても０Ｋをもらえず、結局私の書いた文章が何も残らなかった役員の挨拶《あいさつ》原稿で、行事が終わったのちに「あそこの部分は、おまえの表現の方がよかったな」とフォローしてくれた上司などだ。

しかし40歳になった頃からだろうか、目標とする人がほとんど見当たらなくなった。私が社内の仕事に刺激を感じにくくなったことや、漠然と会社の枠組み以外で何かやりたいと変化を求めていたことも影響していたのだろう。そういう時には「好きなことを探さなければ」と大上段に振りかぶるよりも日常生活の中で「いいなあ」とか「何か惹かれる」といったものを意識しておくことが大切だ。

転身するために最も早くて確実な方法は、転身先への歩みを実践している人と一緒に時間を過ごすことだろう。たとえば会社員であれば、会社員から異なる職業に転身した人、会社員とフリーランスを両立している人、仕事以外の趣味やボランティアに打ち込んでいる人など、「自分もこの人みたいになりたい」と思える人に近づくことで新たなステップへのヒントを見つけるのだ。

その際のポイントは2つあって、①「自分の手が届く人」を対象にして、②「複数の人」に重ね合わせるのがベストである。会社員はスティーブ・ジョブズやスタートアップ企業の創業者を安易に目標にするべきではない。次のステップが見えていない人は、第４章で述べた自分なりの「顧客」も絞り込めていないからだ。

何か気になる、羨ましい、魅力的だ、こうなりたいと思う人にまずは近寄り、時間と空間を共有しながら、その人と自分とを重ね合わせるのである。先述したように私が多くの講演会に足を運んだのも、この作業をしていたのだと後で気づいた。セミナーでこの話をすると、彼らから何を学び取るのですかという質問が出るが、転身先がまだ明確でない時には相手からヒントを引き出すというよりも、まずは相手と自分を重ね合わせて何が一緒で何が違うのかを確認することが大事である。

私は中高年になって会社員から転身した多くの人の話を聞いてきた。彼らの転身のプロセスに何度も自分を重ね合わせてみて、次に進む手がかりをもらったのである。同じ会社員だったのできめ細かいヒントを得ることができた。やはり、自分の境遇に近い人の歩んだ道筋が重要なのである。

できるだけ複数の人を対象にした方がいい。同じ会社員であっても各個人の個性や状況が異なるからだ。私は転身者について最終的には150人に重ね合わせてみた。40人ほどの話を聞いた時に、なぜか「いける。大丈夫だ」と感じたのである。何が大丈夫なのか実は自分でも分からなかった。言葉で説明することはできなかったが、なんとかなるという気持ちが意欲を向上させた。

私の場合は取材だったので多くの人に当たったが、普通はそんなに必要ではない。もちろん人数の多さだけではなく、一人一人と深く重ね合わせることがポイントであることは言うまでもない。

このように手の届く何人かの先達と重ね合わせる作業がことのほか重要である。その人と自分とは、個性も経歴も異なったとしても、何人もの人が歩んだ道筋に繰り返し自分を重ね合わせると、次に歩む道も見えやすくなる。また、その人が語る今後の目標を聞くことが、自分の将来進む道筋のヒントになることもある。それに対して、頭で考えた理屈をいくら聞いても実際の行動になかなか結びつかない。第3章で述べたように、転職においてはプロセスが重要なのである。

第1章（13〜15頁）で紹介した竹原信夫さんが、東京への異動内示が出て2日後に会社に辞表を提出したことが不思議でならなかった。なぜそんなに早く決断できたのかが理解できなかったのである。しかし私が転身者の話を聞いていた時にはたと思いついた。

彼は毎日毎日多くの中小企業の経営者を取材して、彼らと自分を重ね合わせていたからだと気づいたのである。目の前の経営者たちができているのだから自分にもできないわけはないと思えたのだろう。

歩んだ道筋が重要

ここで述べている「重ね合わせる」ということが抽象的なので少し分かりにくいかもしれない。会社員から中高年以降に転身した人たちのインタビュー例で説明してみる。

私たちは、自分自身が今までの積み上げてきた経験に基づいて現実を捉えがちだ。その枠組みの外にあるものは目には入らず、捉えづらい世界は無視してしまう傾向がある。自分でその枠組みを作ってしまうと本当にその中に埋没してしまう。

会社員の場合であれば、会社組織の中に取り込まれてそれが唯一の世界だと勘違いする。そうなると「会社に残るか、辞めるか」の二者択一に帰着してしまう。第3章の転身のプロセスでは、そういう時は追い込まれている状態であるから自分の興味、関心を深めるタイミングだと述べた。手の届く複数の先達に話を聞くのは、その自らの枠組みを広げるとともに自分を深める方法だと考えればよいだろう。

自分の頭だけで考えるのではなく、他人の存在を借りて自分と相手との相違する要素を数多く集めるのである。それによって表面的、単一的な見方ではなく、転身する際の本質を見極めることができるようになる。

転身した会社員への取材で言えば、この人は組織との立ち位置は自分に近いか遠いか、自分は彼の真似ができるかどうか、自分と彼との一番の違いは何だろうかとか、A氏は典型的な会社員タイプだがB氏は本来会社員の枠組みに収まる人ではない、などの違いが見えてくる。特に複数の人に会ってみると、いくつかの要素の違いが明確になってくる。そうなると自分はどのあたりの位置にいるかがおのずと分かってくる。

音楽にたとえるなら、音波の周波数（音の高低）と振幅高（音量）、タイミング（リズム）などの構成する要素を押さえることによって全体感を把握して深く理解することにつなげるイメージである。

また所属している組織との関係で言うと、伝統的な大手企業における組織と個人の関係は同一と言っていいほど共通していた。つまり銀行、保険、鉄鋼、大手電機、総合商社などは、働いている会社の業種に関わらず、組織と社員の関係はほとんど変わらないくらい相似形なのだ。私が定年まで勤めた生命保険会社もこのタイプなので、取材時のトーン合わせはお互い不要なのである。これに対して同じ大手企業でも外資系企業やIT企業、ベンチャー企業から発展した会社などの組織と社員の関係は、伝統的企業とは相当異なっている。

前者の伝統的な企業群は、個々の社員よりも組織運営が優先になっているのに対して、後者の企業群は、個人と仕事との結びつきが前者よりも強いことが特徴である。これらの要素は転身する際にも大きなポイントになる。また同じ会社でも、男性社員と女性社員では組織に対する考え方が相当異なることなども見えてくる。

同時に、各人の組織に対する適性の度合いも分かってくる。伝統的な組織に向いている人もいれば、ベンチャー的な会社に向いている人もいる。また管理機構に向いている人か現場向きかといったことも、数多くの事例に当たると見えてくる。そうすると自分自身の組織適性についても把握しやすくなる。

多くの人に重ね合わせていくと、いくつかの要素を前提とした座標軸が現れてくる。そうなればしめたものだ。その後にインプットされる諸々の情報についても座標軸の中に位置づけることができるので頭の中で整理しやすくなる。次に自分の歩む道も見つけやすくなることは言うまでもない。

もちろん一人一人は個性も異なり、出発点も到達点も異なっている。しかし多くの人は、似たような環境であれば同様な行動をとりやすい。そういう意味では、話を聞く時には、その人が歩んできたプロセスに注目するといい。「何歳の時に、どんなことがきっかけで、どんな行動をとったのか」「○○から××までの2年間の歩みはどのようなものだったのか」といった道筋を確認することだ。

その人が語る概念的な話をいくら聞いても次のステップには結びつきにくい。一方で複数の人がたどったプロセスを何度もなぞっていると、自分が歩む道筋が見えやすくなる。人は頭の中ではいろいろ考えても、行動という段階になるとだいたい同じようなことをするから

いのである。

だ。話を聞く場面でも行動が大事であること、転身の本質がプロセスであることは変わらな

私の師匠とメンター

繰り返しになるが、私も若い頃は、社内にも将来こういう人になりたいと思えた人がいた。しかし40歳頃になると、仕事内容や会社全体の仕組みが把握できたと思い込んだからか、社内にそういう人が見当たらなくなった。

これまで何度も名前を出した竹原信夫さんが私が進む道筋の先達として師匠だとすると、当時の私にとって唯一メンターと言えたのは舟橋さん（仮名）だった。私が30代前半に東京で同じ職場になって以来、ずっとお世話になってきた。彼は私の5年先輩で、海外の大学への留学経験や海外事務所の駐在経験もあって視野も広く、仕事をこなす能力も高かった。それでも社内の出世競争から距離を置き、常に自分の大切なことを追い求める姿勢に私は魅力を感じていたのだ。舟橋さんは50代半ばに早期退職して、金融サービスの会社を立ち上げた。

当時、会社員を「顧客」とする私の取り組みを彼に話すと、「3年ぐらい収入がなくても人のためにやってあげると必ず戻ってくる。あなたがいい人だと分かってもらうことがまず大切だ」と言い、「あなたの取り組みは特殊な領域だがニーズはある。その道の権威になっ

て、いいものを提供すれば誰かが必ず見つけ出してくれる」と励ましてくれた。

私が執筆について「たとえお金が稼げなくても、いい文章を書いていきたい」云々《うんぬん》と話すと、「そんな言い方をしないで、明確にビジネスと位置づけた方が自分をグレードアップできる。お金にもこだわることだ」と忠告してくれた。出会ってから30年以上になるが、現在でも年に数回上京して会うたびにいろいろな刺激をもらえるのである。

また大学教員の道が開けたのは、勤めていた生命保険会社の調査部門に異動になって15年先輩の村岡さん（仮名）と出会ったことが大きい。30歳を目前にした頃だ。彼は保険会社に関係する法律や税制の専門家で、米国の生命保険会社の経営についてもよく研究していた。もともと学究的なタイプだが、課題を立てて研究することが何よりも楽しくて仕方がないという雰囲気を周囲に与えていた。

村岡さんは役職の上下に関係なく、誰とでも同じ目線で接していた。私の稚拙な見解にも耳を傾けてくれて、対等の立場で議論してくれた。彼に追いつきたいと、週末に図書館に通って保険会社に関する法制度の課題を整理することもあった。しかし、月曜日の朝に彼の資料を見ればさらに先に進んでいる。「これじゃいつまで経っても追いつくことはできない」と感じた。村岡さんの指導もあって投稿した論文が生命保険業界の学会誌の優秀賞を受けたことがある。私が執筆に関心を持った一つのきっかけだった。

村岡さんはその後も社内で順調に昇進していったが、40代後半に会社から派遣されて2年間、大学で生命保険の講座を担当した。そして会社に戻って数年間、役職を担って活躍したのち、50代半ばに大学教授に転身した。

彼が勤務している大学に遊びに行ったことがある。自分の関心のあるテーマにのびのびと取り組んでいる様子だった。研究室で「ゼミの学生と一緒にソフトボールをしている時が一番楽しい」と笑顔で話していたのが印象的だった。当時40歳を過ぎても将来のイメージが描けていなかった私は、「このような道もあるのだ」と驚いた。会社員でも自分に合った人生を歩むことができる可能性に心が動いたのである。

それ以降、私は生命保険会社の業務課題をテーマにして論文を学会誌に投稿した。医療保障や生命保険の営業に関するものだ。結局提出した論文は計4編になった。正直に言えば、どうしても論文を書きたかったわけではない。村岡さんの転身の現実を目の当たりにして、チャンスを摑《つか》むために準備をしておこうと考えたからだ。

50代半ば以降、大学教員の公募サイトを参照しながら10を超える大学に採用願書を提出した。専門分野がなかなかフィットしないので書類審査で落ちるものが多く、最終面接まで残った大学も次点に終わった。

その後、幸運にも大学に採用が決まった。私にとっては63歳からの新たな仕事になった。

ビジネスとは違う教育の世界を経験することで、私なりの新たな自分を発見することができた。大学教員の採用に際して4編の論文が役に立ったのはもちろんであるが、何度もチャレンジできたのは、村岡さんがいつも楽しそうに学び、発信していた姿がずっと頭の中にあったからだ。

第6章　人間万事塞翁が馬
――挫折、不遇はチャンス

カメラマンから作家へ

人は普通に生活を送っている時は、変わりたいと思っていてもそのまま時間が流れていくことが多い。なんとかうまくいっている間はやり過ごすことはできる。ある意味ごまかしは利くのである。しかし先が全く見通せない状況に陥ったり、病気や事故、家族との問題などに遭遇して現状維持ができなくなった時には、心の中にあった自らの問いと向かい合わざるを得なくなる。

手元に『闘牛』という本がある。ベストセラー作家佐伯泰英《さえきやすひで》が初めて出版した、写真と文章で構成された本である。迫力ある闘牛の写真と、理解しやすい丁寧な解説が入っている。

彼は当時34歳のカメラマンだった。佐伯本人のウェブサイトに掲載されている「佐伯通信」と、彼に対するインタビュー、彼が書いたエッセイなどを読んでいくと、転身のプロセスが浮かび上がってくる。

佐伯泰英は北九州の新聞販売店の息子として生まれた。日本大学芸術学部で映像を学び、映画学科の学生が制作実習という名目の下に動員された市川崑《いちかわこん》監督の記録映画「東京オリンピック」に撮影助手として参加した。当時映画会社は衰退し始めていたので、テレビの世界に入り、映像技術者としてCM制作にも携わった。収入は悪くなかったが、組織内の分業制の中で働くことに馴染めず、全部自分でやりたいタイプだったという。

その後、カメラを抱えてシベリア鉄道でヨーロッパに入り、フランス、スペイン、そして東南アジアを回って帰国した。その時に撮った写真は自分では納得のいくものではなかったので、定住してテーマを絞ろうと、今度は妻と一緒にスペインに渡った。そこで彼の心を捉えたのは闘牛だった。

町から町へ移動する闘牛士を追い、取材する日々が4年続いた。そして観客を熱狂させてきた闘牛士のパキリことフランシスコ・リベーラ・ペレスの死に遭遇する。彼の死が佐伯と闘牛との関わりの転機となった。日本に戻り、スペインで撮り溜《た》めた写真を出版するために走り回り、『闘牛』を出版したのは2年後の34歳の時だった。

その後、編集者に勧められて、ノンフィクション『闘牛士エル・コルドベス1969年の叛乱《はんらん》』を書き上げる。この作品でPLAYBOYドキュメント・ファイル大賞を受賞し、カメラマンから作家へと転身。その後はノンフィクションや小説を次々と発表する。闘牛やスペインを舞台にしたものから、警察小説、冒険小説、サスペンスなどのさまざまなジャンルの作品を執筆した。

ところがバブル期を挟んで書いた二十数冊は全く売れなかった。50代後半になって出版社の担当編集者から呼び出され、もうあなたの本は出せないと引導を渡された。あとは官能小説か時代小説しかないですね、と編集者は付け加えた。官能小説は無理だが、時代小説なら子どもの頃から貸本屋や映画館通いで馴染みがあった。

さっそく図書館に行き、藤沢周平《ふじさわしゅうへい》の『用心棒日月抄《にちげつしょう》』を参考にして同じ時代の出来事を調べて強引に書いてみた。それが『密命　見参！　寒月霞斬り《かんげつかすみぎ》』という長編小説である。原稿を出版社に届けて、「読んでくれましたか」と何度か催促した末に前借りを頼んだ。厳しい家計の状態に破れかぶれの申し入れだったという。なぜか相手は100万円の前借りを許してくれて彼は安堵《あんど》した。出版社は、前借り金を清算するには本にするしかないと気づいて慌てて出版してくれた。

この57歳になって初めて書いた時代小説が書店に並んで10日ほどした頃、編集者が怪訝《けげん》な声で「あれが重版になった」と電話してきた。それまで一度として重版などという言葉を聞いたことはなかった。

それから彼の作家生活は一変した。1年目は文庫書き下ろし3冊、2年目は7冊、3年目で10冊を超え、4年目にして年間12冊を数えた。新しいシリーズが次々に増え、ひたすら書いて「月刊佐伯」と呼ばれ、書店には佐伯文庫コーナーができた。こんな現象を佐伯自身はかなり冷静な眼差しで見ていたという。陽《ひ》の目を見たのは60代に入ってからで、浮かれ騒ぐには十分に歳を食っていたからだ、と本人は時代小説に取り組んだ経緯をエッセイで述べている（『日本経済新聞』２０１８年１～６月掲載の「プロムナード」）。この「密命」シリーズは12年も続き、26巻を数えて完結した。

遅咲きのキャリア

佐伯自身は、「僕の人生は、時代小説を書き始めたのも含めて、本当に行き当たりばったりなんです」とインタビューで語る（『ひととき』２０１２年12月号）。また、ご縁があってとか、みんななりゆきだと話すが、ただ単に流れに身を任せているのではなく、それぞれの場面では自己完結的な仕事をしていて、自立した立場で簡単に諦めないしぶとさのようなものが彼を導いている。もちろん、時代小説は狙《ねら》いもなくたまたま当たったのではない。

佐伯は「なぜ江戸時代を舞台にするのか？」と問われることがある。260年余、一つの政治体制が続いたのは徳川幕府の江戸時代だけだ。時代小説を書くうえで「パクス・トクガワナ（徳川の平和）」と呼ぶべき安定感は、他の時代に代えがたい。

彼が時代小説に手を染めた時、すでにバブルははじけ、誰もが漠たる不安を抱いて生きていた。そんな現代社会の不安の対極として、江戸時代中期から後期を選んだのだという。

「活字を追っているときだけでいい、身辺に漂う不安を忘れて、『江戸ってこんな情愛に包まれた社会』だったのだと、幻想でもいい、錯覚でもいい、虚構に酔って頂ければそれで充分なのだ」という。「物語を読み終わった瞬間、『ああ、よかった』と思える読後感の小説であれば、作者としては大満足なのだ」ともエッセイに書いている（『日本経済新聞』2018年6月25日付「プロムナード」）。また、佐伯の人生で一番仕事をしたのは60代だという。まさに遅咲きのキャリアの典型だといってもよいかもしれない。

「佐伯本が面白いよ」とラジオやテレビで繰り返し取り上げてくれた俳優で読書家の児玉《こだま》清《きよし》が、時代小説の面白さを「だれもが苦難と困難を乗り越え、創意工夫を凝らして独自のユニークな新剣法を編み出すそのプロセスの滅茶面白さ」と喝破している、と佐伯は書いている（「佐伯通信」第10号、2012年5月）。それはあたかも、佐伯の転身の姿と重なるのではないか。

小説の世界では、プロの作家に限定した「リデビュー小説賞」という一風変わった公募文学賞がある。本を出したことのあるプロの作家限定の賞だ。新人作家を発掘する賞ではないので、再デビュー賞というそうだ。

企画した講談社の編集長は「出版不況の中、書き続けるうちに評価を得るのが難しくなり、埋もれていく才能を危惧《きぐ》していた」という（『日本経済新聞』２０１９年6月4日夕刊）。この記事の中で、佐伯泰英も現代ものを書いていた20年前は初版止まりの作家だったと書かれている。しかし、どこかで佐伯のように作風を変えて再デビューできることもある。こうした再挑戦できる機会が広がることを願いたい。

先ほどの『闘牛』の巻末にある平凡社カラー新書のシリーズ一覧を見ると、いずれもカメラマンとライターの名前が並んでいるのに、『闘牛』では佐伯泰英の名前だけがある。おそらく写真も文章もすべて自分で仕上げたのだろう。また、時代小説に取り組む直前に書いた『闘牛はなぜ殺されるのか』は、闘牛のすべてを語るかのように、その歴史や技術、興業などを、写真や資料を織り込みながら執筆した丁寧な仕事である。そうした真摯で自己完結的な姿勢が読者を惹きつけ、彼に新しい確かな命を与え続けているような気がする。やれることをきちんとやっている人には、必ずいつか順番が回ってくるのだ。

病気は転身の原動力？

転身者にインタビューを始めた当初、驚いたのは自らの病気のことを語る人が多かったことだ。病気そのものが組織での自分の立場を見直すきっかけになっていた。

金融機関で営業の管理職として活躍していた30代の男性は、軽い脳梗塞《のうこうそく》を患ったが比較的早く回復した。しかし会社側の配慮もあってか、以前の部下を持って業績を背負うリーダーの仕事には戻れず、自分に合わない営業事務という後方支援に回った。そこでは自分の働きがいが見つけられず、故郷で独立するため社会保険労務士の試験にチャレンジして合格したという。それ以外に、ガンの診断で医師から「5年生存率70％」と言われ、「5年経ったら、10人中3人は死ぬのか」と映画で見たロシアンルーレットが頭に浮かび、病院のベッドの上で組織での自分のあり方について問い直した人、ガンの宣告を受けたことをきっかけに、会社を退職してガン患者支援のイベントやNPOに取り組んだ人もいる。

また、入院生活を経験して自分の今までの生き方を見直す人は少なくない。50代半ばに、脚の炎症による1か月の入院中に、「家庭も地域も顧みず、仕事中心の働き方でよいのか」と考え直し、会社員を辞めて修行ののち自宅で蕎麦店を始めた人もいる。なかには入院先の病院から電話をかけて、介護関係の仕事を立ち上げたいと退職の意思を伝えて、上司から押しとどめられた体験を話す人もいた。入院生活まではいかなくても次のステップに移行する前に経験した体調不良が転身の一つのきっかけになったと語る人もいた。

もちろん病気は辛いものであり、できれば無縁でありたいと思うのが当たり前である。また、簡単に回復できない病について軽々には語れないことは言うまでもない。ただこうして見てくると、病気は単に治すもの、取り除くものだけではなくて、体や心に語りかけるメッセージ性を持っている。結果として、転身や新しい道を見つけることに意外なほど関係している。

ちょうど転身者に対するインタビューで病気との関連性を考えていた時に、歌手の木山裕策《きやまゆうさく》が2005年に甲状腺《こうじょうせん》ガンの手術を受けたという記事を読んだ。声が出なくなる可能性を医師に告げられ、長年の夢だった歌手への挑戦を決意したという。その時にやはり病気は転身に関係していることを実感した。彼のデビューは2008年で39歳になっていたが、その年にシングル「home」が大ヒットし、同年12月31日の第59回NHK紅白歌合戦に初出場した。彼の歌を聴きながら、私自身の体調不良のことを思い出して、改めて病気の役割について考えた。

以来、彼は歌手と会社員の二足の草鞋《わらじ》を履いてきたが、2019年11月に勤めていた会社も所属事務所も辞めて独立した。「僕は51歳になり、4人の子供のうち2人が成人しました。これを機に歌を中心に据え、ゼロから出直そうと思ったのです」と語っている（『日本経済新聞』2020年7月1日夕刊）。彼の転身はここで一つ完結している。

漱石に対する病跡学

『漱石文学が物語るもの――神経衰弱者への畏敬《いけい》と癒《いや》し』という著作の中で、精神科医の高《たか》橋正雄《はしまさお》は、文豪・夏目漱石《なつめそうせき》のおよそ50年の人生には、20代、30代、40代にそれぞれ精神変調をきたした時期があったという。小説『坊っちゃん』のモチーフとなる松山中学の教師時代の20代後半。処女作『吾輩は猫である』をはじめ次々と名作を世に送り出した30代後半。そして『行人』や『こゝろ』『道草』などの傑作を生み出して人気作家の地位を確立した40代後半である。

高橋は、これら3度の病期が漱石の創作活動にどのように影響したかを、作品だけでなく書簡、周囲の証言からも徹底して読み解いてゆく。

特に30代後半の病気の最中に創作活動を始めていることに注目している。『吾輩は猫である』の連載第1回を発表したのを皮切りに、『坊っちゃん』や『草枕』など初期の代表作品はいずれもこの病気中に執筆されている。40代後半の傑作を含めると、漱石作品のかなりの部分は、彼の精神状態が不安定な時期に書かれたことを指摘する。

漱石のような天才的人物を精神医学的な観点から論じる学問は病跡学と呼ばれ、古代ギリシャの昔からプラトンやアリストテレスによって論じられてきたという。

多くの精神科医が漱石について論考を発表しているが、そこでは漱石の神経衰弱は何病だったのかという診断論議に傾いていたと高橋は言う。漱石を患者として診《み》るのではなく、漱石の作品や書簡などを通じて、彼が自らの病をどのように受け止めて対処しているかといった患者側の観点を強調している。人は病を抱えながらどれほどのことができるのか、病を通して人間的成長の可能性を知ることができると主張している。

『漱石文学が物語るもの』に収められているのは学会誌に掲載された専門的な論考であり、私が内容をどこまで理解できているかは自信がない。しかし、ここで高橋の言う病跡学は、なにも漱石のような天才に限らなくても、一般人にも適用できる考え方ではないだろうか。病を通じて転身のきっかけを摑んだり、新たな自分を発見して次のステップに進む事例を数多く見てきたからそう思える。

そこでは、自分一人では生きていけず、誰かの助けに頼らなければならないという現実に直面し、自らの弱さに気づくことから始まる。他人の支えを意識し、他者を思う心に結びつくことが転身につながっているのである。

誰もが日の当たる場所だけを歩み通すことはできない。人生において何度かは不運に泣き、挫折を味わうこともあるだろう。そこでそれをどのように受け止めるかがポイントだ。自己の可能性に目が向くかどうかだという意味で、病気は転身力のリトマス試験紙と考えていいだろう。

「せっかく生まれてきたのに」

NHKの放送記者からプロの落語家に転じた林家竹丸さんは、阪神・淡路大震災を契機に転身した一人である。転身者を紹介する私の新聞連載の取材で10年以上前に話を聞いた。竹丸さんは、神戸大学時代は、落語研究会の活動に熱を入れすぎて留年するほど落語が好きだった。NHKでは入社5年で大阪放送局に栄転したが、「自分の仕事は誰かの役に立っているのだろうか」と疑問を持ち始めた。

今まで趣味にとどめていた落語への未練がよみがえり、私淑していた林家染丸《そめまる》師匠に手紙を書いて相談に行った。楽屋近くの喫茶店で師匠から落語界の現状や落語家の実際の仕事の話を聞かされ、「食えないから。やめときなさい」と約1時間にわたってこんこんと諭された。

最後に「よく考えてみます」と言って別れた。その頃は仕事が忙しかったので、自分がおかしな行動をとったのかもしれないと思った。その3日後、あの震災が起きた。弁護士志望だった神戸大学の学生が家の下敷きになり、志半ばで亡くなった報道にも接した。一つ間違えれば自分も死んだかもしれない。「一回きりの人生、悔いを残してよいのか」と思い、震災の取材が一段落した時点で退職願を提出した。落語家としてはとても遅い30歳を目前にしたスタートだった。

私は震災の翌日に、我が家にも遊びに来たことがある娘の同級生が、家の下敷きになって亡くなった話を聞いた。彼女と私の娘が入れ替わっても決して不思議ではなかった。すぐ転身に結びついたわけではなかったが、今の自分のままでよいのかと強く思ったことを覚えている。40歳の時であった。

神戸を離れて東京のデザイン事務所で働いていた人は、阪神・淡路大震災が起きた翌々日に帰神した時に全壊した実家と壊れてしまった神戸の街を目の当たりにして、自分のアイデンティティが崩壊したと語る。震災がきっかけで会社を辞めて神戸に戻り、自分が育った地元の復興や地域の町おこしに取り組んでいろいろなムーブメントを起こしている。今では地元の有名人でもある。

被災した工場の抜け落ちた天井から夜空を眺めていて、被害の大きかった地元に役立つことをやろうと飲食店を開業した人の話や、神戸には特に縁もなく被災をしたわけでもないのに、震災に影響を受けた総合商社のエリート社員が、家族の反対を押し切ってボランティアの世界に飛び込んだという話を直接本人から聞いた。神戸の華やかなファッション業界で活躍していた人が、地に足をつけて地元に貢献したいとNPO活動に本格的に取り組み始めた例もある。

当時は誰もが震災の話を語っていて、一つ間違えれば自分も死んでいたかもしれない、もし自分が崩れた家の下敷きで生き埋めになったとしたら何を考えただろうか、などと自問した。観念的な「死」のイメージが活性化されて現実的な考察に転化したのである。

震災との遭遇が彼らの今までの働き方を揺るがしたのは間違いなかった。そういった想定外の出来事は、会社を中心とするシステムの中では意味づけできないからである。病気と同様、「死ぬこと、生きること」につながっている。震災をきっかけとした転身者たちは、「好きなことを仕事にする」ではなく「せっかく生まれてきたのだから」というニュアンスを語ることが多いのである。

私は地元神戸を中心に取材に取り組んだので阪神・淡路大震災のことを述べたが、東日本大震災などの災害に遭遇した人たちも同様な感情を抱いていたに違いない。

逆に言えば、長い間に組織で培った枠組みは容易に変化しないので、そこから離れるためにはそれ相応のインパクトが必要であるとも言えよう。ただ、同じ突発的な事件や事故に遭遇しても、枠組みが揺らがない人もいる。その人の状況や内面の受け止め方が異なるからである。

リストラする方が痛む

これまで、佐伯泰英のようにいろいろなご縁や運や努力で転身のステップを切り拓いた人や、自分の病気や阪神・淡路大震災のように思いがけないきっかけによって新たな道に進んだ人を紹介した。組織の中で働いている人にとっては、会社との関係が重要な比率を占めていることは当然であり、取材においてもそのことを痛感することが多い。

転身者に話を聞き始めた2005年当時は、バブル崩壊後の相次ぐ企業倒産や終身雇用に対する考え方の変化も受けて、多くの企業で早期退職勧奨が実施されていた。いわば事実上のリストラが行われていたのである。新聞紙上では連日リストラされた人が取り上げられていた。

その頃に企業の従業員をメンタル面でサポートしていた女性臨床心理士は、「リストラを背景とした退職勧奨を実施した場合に、それを言い渡す立場の人が大きく痛んでいます」と語っていた。その後の取材で彼女の話していた内容に何度もうなずいたことを覚えている。その苦しい胸の内が、同じ会社員の私にも迫ってくることがあったからだ。

「自分の信条と違うことをやらされる。でも役員でもあったから全力で取り組んだ。私は『50名』という数字のうえのリストラをしたのではない。あったかい血の通った一人一人とのやりとりだった。今でも全員の名前と顔を覚えている。面談では、社内運動会に来ていた奥さんや子どもの顔も浮かんできた」。機械メーカーの工場長を兼務する役員であった彼は、リストラをやり遂げた直後に病に倒れて役職を離れた。「(病気になった）原因はストレスだと思う。気分的に滅入った状態が2年ぐらい続いた。いつも眉間《みけん》にしわを寄せていて、瞬間湯沸し器みたいに家族にあたることもあった」と私に語ってくれた。その後数か月の入院生活を経て、社会人大学院に入学して新たな道に進んでいる。

言うまでもなく、リストラを宣告される人は大変である。ただ彼らは、自分は被害者の立場で、会社や上司に対して批判の矛先を向けることができる。

ところがリストラする職務と責任を負った社員は、まず自分の本意ではない仕事をするという葛藤から始まる。くわえて今までは仲間として一緒に働いていたメンバーに厳しい決定を言い渡すプレッシャーに直面する。かつそれらの仕事を進めることが組織で働いている対価として本当に値するものかどうかを自問する立場になる。私のインタビューでも、リストラをする側に立ったことがきっかけで「社員を辞めさせて自分だけが会社に残ることはできない」と考えて組織から離れた人は少なくなかった。

大手の旅行会社に勤めていた男性社員は、リストラを言い渡す立場になってすぐに「こういう仕事は俺にはできない」と、それまで頭に描いていた障害者を顧客とする旅行会社を友人とともに設立した。「障害者の人の旅行では、人の手を介さないとバリアフリーにならないので、トイレの介助はもちろん風呂も私たちが入れる。大変なんですけど、みなさんすごく喜んでくれるのでやりがいがあるのです」と彼が語っていたのが印象的だった。

このほかにも、不祥事をきっかけに勤めていた会社が他の会社に吸収合併になり、自分の立場が大きく揺らいだという人もいる。合併後の新会社の雰囲気にどうしても馴染めず、早期退職優遇制度に後押しされて自分で商売を始めた。取材を通して、合併は思いのほか転身を導く力を持っていることを感じている。

民間人校長に転じる

会社や上司との関係は、前述のリストラや合併といった大変なことばかりではなく、転身に対して追い風になることもある。かつて私が取材した電機メーカーにいた中谷さん（仮名）の転身は、人事部からの電話で始まった。「民間人を公立高校の校長に任用する話が来た。君を候補に考えている」。まさに青天の霹靂《へきれき》だった。

一瞬迷ったが、求められているのならと33年間勤めた会社を去ることになった。当時55歳だった。教育委員会で研修を受けて新設の高校へ赴任した。

着任すると、民間企業と高等学校とのギャップは大きかった。特に中谷さんが驚いたのは、

40人いる教職員同士のコミュニケーションの乏しさだった。隣の先生が何をしているのかさえ知らない人が多い。一生懸命やってはいるが、それぞれがタコつぼの中にいるように見えた。

中谷さんは着任3か月目に動き出した。大きな紙に行事予定を書き入れ、全員で情報共有できるようにした。今までは順送りで決めていた学年主任や進路指導担当なども自分が直接任命した。抵抗する人もいたが、面談やグループの話し合いを重ねると理解を示す教師が増えた。また、パソコンを教職員1人に1台支給して、会議資料の簡素化や教育委員会への報告の省力化につなげた。また、暇さえあれば校長室を出て生徒とも話した。彼はその高校での経験を買われ、定年退職後は私立中学・高校の校長に迎え入れられて新たな道に進んだ。転身が新たな転身を呼んだのである。

このように会社の側から転身できるチャンスを与えられる人は少数ながらいる。ある教育関係の人は、当時赴任していた小学校に外国人児童がまとまって入学してきた時に、校内に新たに日本語教室をつくることになった。その担当として自分から手を挙げたことがきっかけで小学校の教師を辞めて日本語教師に転身したそうだ。

私はかつて『左遷論』という本を書いた。左遷をチャンスに変えた人には、いくつかの共通項があった。一つは、左遷体験の中からヒントを見出していることだ。左遷に遭遇して

「会社は自分にとっていったい何なのか」「一緒に暮らす家族を顧みないでいいのか」「このままで定年後はイキイキ過ごせるのか」などを深く考える機会を持ったことが次のステップに結びついている。働くことや会社に対する姿勢が変化しているのである。

もう一つは、重点が自己に対する執着から他者への関心に移行している。だから周りの人が手を差し伸べやすくなる。逆に、自分だけのことを考えている人や自分自身に向き合うことに不誠実な人に対して、周囲は手を貸す術《すべ》を持たない。結果として新たな展開が生まれにくい。

左遷をチャンスにするには、右記の2つの姿勢が大切であり、それは左遷のみならず、リストラや、病気や事故との遭遇、家族の問題の発生といった挫折や不遇な状況になった時にも共通している。

名経営者の転身

「クロネコヤマトの宅急便」の生みの親である小倉昌男《おぐらまさお》は、名経営者であるとともに、ビジネス書のロングセラー『小倉昌男　経営学』の著者として知られる。彼は現役引退後に私財46億円を投じて「ヤマト福祉財団」を創設し、障害者福祉に晩年を捧《ささ》げた。

当時は思いがけない転身としてマスコミなどに大きく取り上げられたが、なぜ彼が福祉事業に乗り出したのか、なぜ多額の私財を投じたのかはほとんど論じられていなかった。

『小倉昌男　祈りと経営――ヤマト「宅急便の父」が闘っていたもの』の中で、著者である森健《もりけん》は、丹念な取材によって、これまで描かれてこなかった伝説の経営者の人物像に迫っている。

そこには家族間における煩悶《はんもん》と葛藤があった。時期は宅急便サービスを開始した頃とも重なっている。家族との関係が、小倉を障害者福祉に向かわせるきっかけになったことが見事に描かれている。同作品は第22回小学館ノンフィクション大賞において、賞の創設以来初めて選考委員全員が満点を付けて大賞を受賞している。

実は私は以前から小倉の転身に興味を持っていて、大阪梅田《うめだ》の紀伊國屋書店でこの本を手に取って読み始めると止まらなくなった。立ち読みのまま驚きのラストまで一気読みで、購入のためにレジに向かう時には涙をこらえられなくなっていた。

1993年、小倉昌男は障害者の自立と社会参加の支援を目的としてヤマト福祉財団を設立した。財団設立から2年後の95年1月、阪神・淡路大震災が発生した。小倉は現状を知ろうと各地の障害者が働く共同作業所を訪ね、そこで障害者が手にする月給が1万円にも満たないことを知ってショックを受ける。自立にはほど遠い現状に対して大きな疑問を持ったのである。また彼自身が家族との葛藤に苦しんだことが弱い立場の人をそのまま見過ごしておけない気持ちにさせた。

現役を引退し、経営者として長年培ってきた経営のノウハウを役立てたい気持ちも強かったのだろう。低賃金からの脱却を図るため、一般のマーケットで売れる商品作りを目指したセミナーを1996年から全国各地で開催し、意識改革に取り組んだ。現場で障害者の支援をしている作業所の人たちから、容易に理解を得ることはできなかった。それでも地道に続けた。

こうしたプロセスの中で、月給10万円以上の給与を支払えることを目指して「焼き立てのおいしいパンのお店」を開くことを決めた。「アンデルセン」を全国展開している株式会社タカキベーカリーの協力を得て、同社が開発した冷凍パン生地を使用することで、誰でもパンをおいしく焼ける「スワンベーカリー」をオープンした。

私が小倉昌男の転身に興味を持ったのは、王子《おうじ》養護学校（東京都北区）の教師だった小島《こじま》靖子《やすこ》さんが同校の知的障害者の保護者たちと一緒に「卒業生を応援する会」を立ち上げたことを取材していたからだ。1999年には、この会が母体となってスワンベーカリー十条《じゅうじょう》店が開店した（スワンベーカリーの直営店ではなく加盟店）。

小倉昌男の転身には自分の家族との葛藤があり、小島さんが養護学校教員からスワンベーカリー十条店の経営に携わるようになった転身には障害を持つ子どもと親との強いつながりがあった。両者とも多くの困難に直面しただろうが、それがゆえに前進できているような気がするのである。

家族が背中を押す

取材の中では家族との関係の変化によって転身が生まれている話を数多く聞いた。

ある夫婦はともにフルタイムで働き、互いの仕事の終わる時間が不規則だったので、1年間の育児休業後は長男の保育園の送迎ができない事態が予想された。さまざまな制度を検討して夫婦の友人のツテにも当たってみたが、見通しが立たなかった。それがきっかけで、夫が40歳を前に退職して自宅で翻訳の仕事を始めた。英語は学生時代から得意で、海外への留学経験もあったからだ。彼は、長男のことがなければ転身はなかっただろうと語っていた。

会社員から起業したある男性の長男は、中学生までは勉強や部活動の頑張りが評価されていたが、高校3年生の時に突然家出をした。戻ってはきたが、学校に行かない日も多く、大学への進学は断念した。反発する長男に手を上げたこともあった彼は、「父親として厳しすぎた。自分は間違っていたのかもしれない」と気づかされた。彼はそれを機に心理学を学び、産業カウンセラーの資格を取った。勤め先の商社を退職したが、新たに取り組んだ事業はうまくいかなかった。その後、仲間からカウンセラー協会の仕事を紹介されて、その経験をもとにメンタルヘルスに関わる講演や研修の企画・運営を手掛ける会社を起業した。彼の転身を助けたのは、長男との葛藤を通じて学んだカウンセリングだったというのが興味深い。

自分が経験した子育ての体験と、女性が組織で働くこととの矛盾を解決するために、育児や家事のサービスを提供する会社を立ち上げた元会社員の女性もいた。

また、転身のプロセスの中で家族の果たす役割も小さくない。

メーカーを55歳で早期退職して、千葉県市原市《いちはら》に乗馬クラブ「長谷川《はせがわ》ライディングファーム」を立ち上げた長谷川一誠《かずしげ》さんに、十数年前に話を聞いたことがある。

40歳の頃から家族6人と一緒に始めた乗馬の楽しさに魅せられたのがきっかけで、事業としてやってみようと考えた。営利目的や経営効率よりも、馬やメンバーやスタッフを大事にするクラブを作りたかったそうだ。地域の子どもたちにホースセラピー（馬を介して心身の健康をもたらす療法）を通じて乗馬の楽しさを提供する活動もしていた。

定年近くで起業する場合には、個人事業の延長としてトライするケースが多い。ところが長谷川さんは、きちんとした事業計画書を作成して銀行から少なくない金額の借り入れをして乗馬クラブの経営を始めた。東京・品川《しながわ》からアクアライン（東京湾横断道路）を使って到着した乗馬クラブは、元会社員が個人で始めたとは思えないほど本格的なものだった。

当時は、長谷川さんの柔和な笑顔と、家族ぐるみでクラブの運営に携わっている姿が印象的だった。彼は家族にとても感謝していた。会社員から転身する際には、今までの自分の経験を活かして何らかの社会貢献が必要だという。会社員時代に比べると収入は減ったが、起業には満足していると語っていた。その背後には家族の後押しや協力があるのだと感じたものだ。

２０２２年に改めて話を伺うと、市役所と協賛して東日本大震災後に避難してきた家族を乗馬やバーベキューに招待したり、障害のある子どもたちに馬と触れ合う機会を提供するなど、社会貢献活動にも引き続き取り組んでいた。２０１８年には息子に社長を任せ、現在は会長として乗馬クラブの経営に参加している。

喜寿を迎えた長谷川さんは、元気な声で今後の乗馬クラブのあり方について熱く語ってくれた。これも常に家族が協力して一緒にクラブを運営してきた賜物《たまもの》であろう。

長谷川さんの例だけではなく、家族が転身のプロセスに関わることは少なくない。ただ、その関わり方は人それぞれである。

同じ蕎麦店の開業でも、会社の早期退職制度に手を挙げた時から常に協力してきた夫婦もあれば、仕事を持っていたので開業に反対して「自分は手伝わない」と主張していた妻が、店が忙しくなると客の対応を一手に引き受けるようになったケースもある。

会社員から職人になった男性の妻は、長男がまだ中学生だったので収入減少を心配して転身に反対していたが、毎朝肩を落として出勤する夫の後ろ姿を見ながら、最後には賛成に回った。一方で、夫がボランティアの世界に飛び込むことを、いくら話し合っても互いに理解できず、結局は離婚することになった夫婦もいる。

家族間では、言葉に表して自分の思いや感情を互いに伝え合うのは得意ではない人もいるが、転身の際には、配偶者や子どもたちとのコミュニケーションが求められる。会社を退職して起業する直前になって初めて妻に話し、「一年ほど口を利いてもらえなかった」と語る夫もいたのである。

バブル崩壊で転身

今まで述べてきたように、幸運に恵まれなかったり、病気や想定外の事故や災害、家族との関係を契機とした転身は、もちろん会社員だけではなく、この章の初めに紹介した佐伯泰英のような作家、経営者やフリーランスにおいても同様である。

作家の渡辺淳一《わたなべじゅんいち》は医師出身である。母校である札幌医科大学に勤務していたが、和田寿郎《わだじゅろう》教授による日本初の心臓移植手術（1968年）を題材にした『小説・心臓移植』を発表、大学にいづらくなり退職した。渡辺は、そういうことがなく順調にいっていたら作家になれていなかっただろうと述べている。

また、中小企業の経営一筋でやってきたK氏は、60代半ばに、大学院において個別の資格審査によって入学を認められた。そこで私のクラスメートになって一緒に経営学を学んだ。

彼は中学卒業後、家族を養うため地方から大阪に出て、万博景気の時に建設業界で働いた。高度成長を背景に会社を立ち上げて、その後不動産会社の社長として成功した。ところがバブル崩壊で経営は暗転する。大きな負債を抱えたが、債権者との合意を図りながら十数年かけて完済した。

彼はその経験をもとに、負債を抱えた中小企業の経営者の個別相談に乗り、経営に関するセミナーなどで自身の体験や見解を伝える活動に取り組んだ。大学院の在学中から彼の話を聞き、講演やセミナーも間近に見てきた。セミナーでは自身の失敗を含め、包み隠さず語っていた。その力強い内容に勇気を得た経営者も多かったはずだ。バブル崩壊後の試練が彼を新たな道に導いたことを実感した。

日常の生活では、人は大半のことを自分で処理しながら暮らしている。ところが、自分で背負い切れないことが起こった場合には誰もが苦しい状態に陥る。それを解決するためには、時間をかけて何らかの形で自分が変化（転身）しなければ答えは出ない。その変化が成長や成熟につながり、他者にも役立つ対応を可能にしているのである。

スポーツの世界でも、少年時代からのプロサッカー選手になる夢が叶《かな》わず挫折した元選手がドリブルに徹底的にこだわることで道を切り拓いた例がある。NHKの「逆転人生」で取り上げられていたドリブルデザイナーの岡部《おかべ》将和《まさかず》さんは、ほぼドリブルだけに特化して、世界中が注目するようなサッカー選手にドリブル専門の個別指導も行っている。SNS（会員制交流サイト）で配信する彼のドリブル動画の閲覧数は、総計2億回を超えている。国内はもちろん、アジア、ヨーロッパ、南米と世界各国からアクセスされる人気ぶりだ。

姿勢や心構えが変化

この章の具体的な転身の事例を見ていると、知識や情報を詰め込めば、人は変われると安易に考えることはできない。またノウハウやスキルを高めれば変わることができるという単純なものではないことも分かるだろう。自分を変えることは本当に難しいというのが、転身者へのインタビューをしてきた私の実感である。それでは、転身によっていったい何が変わるのだろうか。その人の根本である個性や価値観は簡単には動かない。変化するのは、姿勢や心構えである。だから「一から身も心も入れ替えて」とか「すべてご破算にして」というのは、意欲としては理解できるがちょっと信用できない感じがある。

まずは自分の内面の変化であると考えた方がいいと思う。特に受け身の姿勢の中から主体性を持つことが一つのポイントである。自立・自律的な姿勢や心構えに変えれば、驚くほどの幸運に恵まれることがある。

もう少し別の言い方をすると、働き方に対する自らの評価基準や仕事における行動・判断基準の優先順位が入れ替わっている。会社員の場合では、転身前は他人との比較可能な単一の基準が中心である。収入、役職、会社に対する社会的評価などである。

これに対して転身後は、各個人が持つ内面の価値観が優先されるようになる。当然ながらそれらは多様なので、統一した準拠基準を見つけるのは困難である。転身して収入や役職が没個性的なものだと初めて気づく人もいる。

たとえば転身者の中には、収入やお金に対する考え方が変わったという発言が多い。会社に在籍している時には、給料をもらっても「あれだけ働いているのに、たったこれだけなのか」という気持ちだったが、転身後は自分の収入に対して「自分自身を褒めてやりたい気持ちになる」だとか、「会社という仕組みからもらう50万円とフリーランスで稼ぐ10万円はどちらに価値があるかは言えない」などの発言である。「会社からもらう給与とボランティアでいただくお礼は、同じ〝円〟でもレートが違う」と話す人もいた。報酬はもらって当然という受け身の姿勢が変化したことが推測される。

転身前は、社内の役職などが大きな意味を持っている。これらは社員の組織への帰属感にも関係している。ところが会社本位の働き方を緩めると、「社会には多くの価値観があると実感した」と発言する人も少なからずいる。ボランティア協会で学んだ人は「ボランティアは人にやってあげることではなくて、社会的なニーズがあるからやることだと気づいた。企業社会にどっぷり浸かっていた私には驚くべき経験だった」と語ってくれた。

また総合商社の部長職からボランティアの世界に転じた人は、「退職を口に出すまでの期間はルビコン川を渡るような気持ちだったが、渡ってみたらそうでもない。なぜかと言うと、自分で自分にそう思い込ませてしまうからだ。今から考えると世の中にはいろいろな生き方があって、『そんなに自分を狭めなくったっていいんだよ』という感じである」と話してくれた。

こうしてみると、収入や肩書きの持つ優先度が入れ替わった様子がうかがえる。家族と一緒に過ごすことの大切さに改めて気づいたり、今まで嫌いだった上司のいい部分を理解できるようになったり、仕事の実績は劣る部下であっても場の雰囲気を和ませて組織に貢献している面が見えてきたりすることがある。人や仕事をお金や役職で並べることにはそれほど大きな意味がないことに気づくのである。

40代での価値観の転換

これまで紹介した転身事例は、第1章で論じた「こころの定年」という不安定な心理状態を抱えながらも、持続的に新たな自己イメージを作り上げようと主体的に取り組むことが、一つの回答を提供しているのだろう。自分の心の底にある実際の感情に直面していることが大切である。「なんでこんなことになるのか」「これさえなかったら」という「こんなこと」や「これ」の中に、新しい自分を見つけるヒントが隠れていることが多い。マイナスと思える事柄の裏には、プラスの部分が背中合わせになっているからだ。そしてこのマイナスと言える挫折を克服した人は、次のステップを着実に歩むことができる。

「禍福は糾《あざな》える縄のごとし」や「人間万事塞翁《さいおう》が馬」という諺《ことわざ》は、幸せが不幸に、不幸が幸せにいつ転じるか分からないのだから、むやみに喜んだり悲しんだりするべきではないというたとえとしてよく使われる。ただ、幸不幸が何の理由もなく生じるわけではないだろう。

運も実力のうちと語る人は多いが、努力や才能、忍耐力などの実力は、運とは分けて考えてみるべきだと感じている。両者はたしかに混在しているが、実力はほぼいつも発揮できるのに対して、運はその時にどんな風向きになるかは本人にも分からない。幸運と不運はコントロール不能である。それまでの間に着実に実力を養っている人がマイナスに向き合うことによってプラスへの転換を得やすいと考えている。やはり、やれることをきちんとやっている人にはいつか幸運が巡ってくるのだ。

いずれにしても、私たちは中高年になって何らかの価値観の転換が必要であり、それまでの若い時とは異なる見方を取り入れることが求められている。今まで知らなかった自分や気づかなかった自分を発見することが大切で、若い頃の価値や見方にこだわったままでは現実に対処できなくなってしまう。特に40代は中年の勝負と言ってもいい時期で、ここでのマイナスをプラスに転じるような経験が、その後の人生後半戦をうまく乗り切るための切り札になる。

時代や流行に翻弄《ほんろう》されたり、病気になったり、震災や事故に遭遇したり、会社や上司との関係に悩み、家庭内でのもめ事や家族関係の行き詰まりといった挫折や不遇と思える状況に直面して、そこから新たな自分を知ることによってプラスに転化していく。このプロセスを目の前の相手から直接聞くことができるのは取材の醍醐味である。

病気はその人の人生において創造的なものに関わっていると病跡学の項（159～161頁）で述べたが、この病気の意味をもう少し幅広く捉えてはどうだろう。この章で取り上げた、表面的に見ればマイナスと思えるような諸々の出来事が、その人に新たな生き方を与えるチャンスになることもある。

それは、長い人生において老齢期まで充実感を持って過ごすことにもつながっているような気がする。つまり、中年期以降に人生を新たに創造するためのきっかけになるのだ。何らかの有名な作品を生み出すような人ではなくても、転身は自分なりの人生の物語をつくるという一つの創造的な営みであると言っていいだろう。

第7章 「好き」を極めてこそ

——子どもの無邪気さ

伊能忠敬特別展

２０２１年夏に神戸市立博物館で開催されていた「伊能図《いのうず》上呈２００年記念特別展『伊能《いのう》忠敬《ただたか》』」に行ってきた。伊能忠敬の名前は誰もが聞いたことがあるだろう。ただ実際に作成された地図はどのようなものか見当がつかなかったので、これを機会に見てみようと思ったのだ。隠居して新たな転身を図った彼の経歴にも関心があった。

展示室にあった伊能忠敬の年表を改めて眺めてみると、忠敬は現在の千葉県に生まれ、17歳で代々名主を務める家柄の伊能家に婿養子として迎えられる。家業は主に酒造業を営んでおり、彼は家業の発展にも手腕を発揮した。

49歳で家督を長男に譲って隠居。50歳で江戸深川《ふかがわ》に住み、19歳年下の天文学者高橋至時《たかはしよしとき》の弟子となる。忠敬は隠居の前から興味を持っていた天体観測や測量の勉強に寝る間を惜しんで取り組んだ。そこから年下の師匠の弟子になって学びを続けたのである。

そして55歳から71歳まで、北海道から始めて10回にわたる測量で全国を歩き回った。忠敬は、毎回同じ歩幅で歩けるように訓練したうえで、歩数から指定区間の距離を計算していたそうだ。

実際に地図を見ていると、その緻密《ちみつ》さと地図の大きさから生まれる迫力に圧倒される。芸術的な美しさをも感じた。ふだん本やパソコンで見る地図とは全く別物だった。神戸村や西宮などの地元の地名を見ていると、周囲の山などの地形が立体的になって目に浮かぶように伝わってくる。

展示の地図を見ていた時に、伊能忠敬は自ら歩いて測量するのが楽しくて楽しくて仕方がなかったに違いないと思えてきた。博物館を出る頃には、それは私の確信にもなった。好きなことに取り組み、自ら磨いた技術で地図を作成して、その出来栄えを確認できる。おそらく地図を見ながら満足感に浸《ひた》っていたのではないか。また61歳の第5次測量からは幕府直轄事業になり、測量先の諸藩も幕末の外国に対する海岸防備の必要からも忠敬一行を厚く遇したそうだ。地図の作成は他人からも求められていたのだ。

作家で古地図コレクターの本渡章《ほんどあきら》氏の講演によれば、伊能忠敬の地図が本当に役に立ったのは、明治以降、近代的な地図を作成する手本になったことだという。地図を作成していた時には、誰かのためにやっていたわけではなかった。本人もそのことを自覚していなかっただろうと話していた。

かつて放送されていた番組「BS歴史館」（NHKのBSプレミアム）の「伊能忠敬〝日本〟を知らしめた男」という回で伊能忠敬を取り上げた時に、『武士の家計簿』など多くの著作がある日本史学者の磯田道史《いそだみちふみ》は、仕事や芸事では、それをしていること自体が楽しい、それをさせてもらっていることがありがたいと思っている人間はすごいものを作り上げるのだと語っていた。そう語る磯田自身、同類の人種と思えるのだが、どうだろうか。

落語家の立川志の輔《たてかわしのすけ》も、伊能忠敬記念館で見たあまりにも正確な日本地図に感動して「伊能忠敬物語―大河への道―」という新作落語を創っている。

これらも忠敬が「好き」を極めたからこそのことだろう。それが他者に伝わっているのだ。「俺はもう若くないから」「年下の先生から学ぶなんてできない」などとは決して言わなかったはずだ。転身者を取材すると分かる一つの特徴は、このような言い訳をほとんど口にしないことである。自分が好きで主体的に始めたことなのだから、何を言っても自分に返ってくるからだ。そんな非生産的なことは誰もやらない。

当日、博物館で開催された「学芸員による展示解説会」は10時30分からの受付だった。同時刻に行くと、すでに多くの人が列をなしており、40人の定員は瞬時に埋まって参加することができなかった。伊能忠敬に魅せられるのは私だけではなかったのである。

三度の飯よりも営業

自営で石材、墓石の施工やそのアフターフォローの仕事をしていた大森さん（仮名。取材当時68歳）は、以前は大手電機メーカーの社員だった。商業高校を卒業して1958年に入社。当初は経理部門で働いていたが、会社が推し進めた「町の電器屋さん」を増やす業務に駆り出された。

大森さんは電器店の主人と一緒に一軒ずつ家庭を回る訪問販売にも同行した。テレビ、冷蔵庫、洗濯機が売れに売れた時代だった。当時出始めたばかりのクーラーの売れ行きもすごかったという。

上司から「売れるまで帰ってくるな！」と言われて厳しい指導もあったが、大森さんはこの営業の仕事がとても気に入っていた。人と会うのが好きだったからだ。しかも、お役に立てば相手も喜んでくれる。こんなに自分に合った仕事はないと思っていた。

ところが、50歳前後の頃から迷いが出てきた。大型の家電量販店に押されて販売会社の統廃合が進んだ。大森さん自身も営業部門から離れて子会社の取締役に就任した。「このままだと60歳の定年になると何もできずに年金生活をする羽目になる。もっと働きたいのに」と危機感を感じていた。会社のＯＢたちの元気のない後ろ姿も気になった。

これからも働き続けられる仕事を模索していた頃、知り合いから従業員20人の石材会社から経営の建て直しを依頼された。それを受け入れて、56歳の時に転職した。石材会社では得意とする営業に取り組んだが当初は売れなかった。お墓の関係では寺院も回ったが相手にされなかった。

ある日、知人が亡くなってお悔やみに伺った時に、奥さんが「主人のお墓も作らにゃいかん」と話すのを聞いて、亡くなった人がいる家庭を訪問すればよいのだとピンときた。大森さんの行動は早い。電器店なら３００軒は知っている。馴染みの店主から紹介を受け、訪問販売を始めたら売れ出した。その営業力を見込まれ、石問屋から勧められて独立した。60歳の時だ。取材時には訪問販売と明朗会計で8年間一人で順調にやってきていた。

実は、取材のアポを取るために連絡した時から名古屋弁で話す大森さんの話の面白さに魅せられた。人に会って話すのが楽しくて仕方がないというのが、携帯電話を通じて伝わってきた。名古屋の大須《おおす》観音近くの喫茶店で楽しく話を聞いたことを今も覚えている。取材の途中にお客さんから電話がかかってくると、満面の笑みで応対していた。大森さんは今までの転職、独立という転身のプロセスに関して「自分は運がいい」と何回か繰り返した。それは人に会うのが楽しくて仕方がないという彼自身の姿勢が呼び込んでいるのだと感じた。

夢追い人

大森さんと同様、取材の前にこちらが話を聞きたいと前のめりになる人は何人かいた。

実家が農家で、子どもの頃に近所の人が総出で行う収穫の喜びが忘れられず、土を触っているだけで楽しいと語る人もいた。彼は40代から農業に携わることを夢見て準備を始めた。そして会社が打ち出した早期退職優遇制度に手を挙げて50歳で転身した。

ものづくりが小さい頃から好きだった人が職人の世界に転じる場合や、落語や講談が好きな人がプロの落語家や講談師と一緒に仕事をしたりする例もあった。

このように転身者の取材では、若い頃から好きだったことや、その夢を追って転身した人たちのグループがある。

元通産官僚で小説家、評論家だった堺屋太一《さかいやたいち》は、NHK映像ファイル「あの人に会いたい」の冒頭で「すべては子どものような夢から始まる。この子どものような夢を見ないとつまらないんじゃないか。これを実現していくことが人生にとって一番の楽しみだと思う」と語っている。

堺屋は、小学生だった1948年に大阪で開かれた復興大博覧会に惹きつけられた。会場には復興館をはじめ、農業機械館、記念館、貿易館、科学館など約20館が建てられた。そして博覧会終了後は展示館や住宅がそのまま売却されて新しい街になるというユニークなイベントだった。堺屋が興味を持ったのは展示館や造園や通路の配置図だった。いろいろな博覧会を自分で想定し、その配置図を毎日方眼紙に書いていたという。その後は建築家を目指したが、視力がよくなかったので経済学部に進んだ。

大学卒業後は通産省に入省し、戦争のために実施されなかった1940年に計画されていた万国博覧会の存在を知る。そこから彼は日本での万博開催を提案して動き出した。ただ、当時は通産省の工業用水課係長で権限もなかったため、世論を盛り上げることから始めた。

省庁の事務次官や局長の車の運転手に、万国博覧会の素晴らしさを1年2か月、毎晩毎晩語り続けたという。次官や局長と運転手との間で「万国博覧会というのは面白いらしいですよ」という車内での会話になり、役所全体に広がっていくことを狙った。そうした活動を通じて有力者を口説き落としたそうだ。そして1970年の大阪万博の企画・実施に携わり、成功を収めた。その後、沖縄開発庁に出向して75〜76年の沖縄海洋博も担当する。まさに子どもの頃の夢を実現していったと言える。

その後は『油断!』『団塊の世代』などの近未来小説や大河ドラマの原作となった『峠の

群像』『秀吉』などの歴史小説を数多く執筆した。また、1998年には民間人閣僚として経済企画庁長官に就任するなど、幅広い分野で活躍した。

堺屋太一のような大きな転身をしていなくても、やはり好きなことの力は大きい。私がテレビ番組に出演した時にテレビ局が取材した渡瀬さん（仮名）は、子どもの頃にテレビで放映されていた刑事番組に憧れて警察官になった。ところが彼は仕事で怪我をして2か月間入院したことをきっかけに55歳で警察を退職した。その後警備員に転職したが、働く喜びを感じられなかった。駐車場の警備をしている時に黒塗りの高級車がずらっと並んでいるのを見て、子どもの頃から乗り物が大好きだったことを思い出し、VIP（要人）や海外からの観光客が乗車するハイヤーの運転手に転職した。

番組の司会だったタレントの藤井《ふじい》隆《たかし》は、番組内で「この人は2回も子どもの頃の夢を叶えている」と言っていた。小さい頃の原体験は大きな力を持っている。

また、プロの職人とまではいかなくても、小さい頃からものづくりが好きだった人が、40代以降に何でも引き受ける便利屋になり、高齢者の椅子《いす》や犬小屋などをつくってお客さんに喜んでもらっている例などもある。

後で好きなことに気づく

誰でも子どもの頃には、「大人になったら○○になりたい」という夢を描いたことがあるものだ。先ほど紹介した堺屋太一をはじめ、彼らはいずれも転身後の自己像が明確であることが特徴である。ただ、彼らも小さい頃の好きなことだけで転身を図ったのではない。初めから夢に邁進《まいしん》して一本道で突き進むというのではなく、途中で好きなことに気づくことが多い。やはり実際にやってみないと分からないのである。

アナログからデジタルへという環境変化によって、今までは順調だった現場の仕事から情報分野の仕事に変わって行き詰まった人がいた。彼はどうしても目に見えない仕事は自分には向いていないと感じていた。子どもの頃からものづくりが好きだったことを思い出し、結果として師匠との出会いや家族のサポートを得て提灯《ちょうちん》職人の世界に転じた。彼は、順調に働いている時には職人の世界に飛び込むことになろうとは全然考えていなかったという。

また、単に子どもの頃を思い起こすだけではなく、何らかの形で、会社において得た経験や技術、または会社のリソースをうまく使いながら次のステップに進む人もいる。たとえば、小さい頃にテレビで見たアメリカの豊かな生活に憧れて海外移住を夢見た人が、会社の仕事で海外に行くたびに、どこに移住するのがよいかを頭の中でシミュレーションした末に実現した人もいる。小さい頃の夢と会社での経験の合わせ技で転身する人もいるのである。振り返ってみると、「結果として」小さい頃からの好きなこととつながっていたというのが本当のところだ。

陸上400メートルハードルの日本記録保持者で、現在はスポーツコメンテーターやタレントとして活動中の為末大《ためすえだい》は、インタビューに答えて、「好き」という時に、自分の心の内から好きなものが分かるというのはとても珍しいことであるという。ほとんどの場合は、「自分が好き」と「これをやるとみんなが褒めてくれる」とが交じっている。陸上で一番ど真ん中と言えば100メートル走で、オリンピックでも花形の競技である。彼が100メートル走からハードルという競技に転向する時に、世の中の評価が高いところから下りて、別の道の方が自分に向いているのではないかと考えていたそうだ。そこには「好き」という気持ちもあるし、「こちらの道の方が自分を活かせるのではないか」という気持ちもあって、2つが交じりながらも、バランスを取りながら選んでいくというのが、自分の道を見つけていくということなのだと語っている。

スポーツの世界では選手生命が短いので、若いうちから力の衰えの問題に直面せざるを得ない。為末大の場合もそうだったのだろう。ただ「好き」と「こちらの道の方が自分を活かせるのではないか」の2つの間でバランスをとりながら進んでいくのは非常に健康的である。一般には「漠然とした好き」と「自分を活かせる道が見えない」との間で悩んでいる人が少なくないだろう。それでも、この両者が少しずつでも明確になってくれば転身に近づいていていける、というのが取材して得た実感である。

いずれにしても、転身後の彼らを見ると、面白さや幸福は自分の内部から湧いてくるものであって、外部に存在するものではないことがよく分かる。またそれは個々人の心の奥底にある動機と強く結びついているが、順調に仕事をしている時には自覚していない人が多い。自分が好きだったのはこういうことだったのだ、と中年以降に改めて気づく場合が少なくないのである。

過度の幸福感

小さい頃の夢が大人になってからも影響を与えていることを示す具体事例を探している時に、かつて見た映画「パッチ・アダムス――トゥルー・ストーリー」（1998年公開）のある場面を思い出した。

この映画は、名優ロビン・ウィリアムズが、実在の医師であるパッチ・アダムスを演じた感動ドラマである。パッチは、ピエロ姿になって病院で長期に入院する子どもたちに笑いを提供するような医学生だ。

老齢のミセス・ケネディは何日も食事をとらず、生きる意欲を失いふさぎ込んでいた。パッチが病室で彼女の夢は何かと聞くと、少女時代の母親との思い出を語りながら、スパゲティが入ったプールで泳ぐことをずっと夢見ていたと答えた。

しばらくしてパッチは中庭にスパゲティがいっぱい入ったプールを実際につくり、ミセス・ケネディを招いて一緒に手をつないで泳ぎ出す。周囲の医学生や看護師たちも大喜びだった。彼女のイキイキとした顔は、子ども時代の夢の計り知れないパワーに気づかせてくれる。優等生のルームメイトは、パッチは高度な医療技術ができないことを可能にする、と悔しそうに語る。

映画「パッチ・アダムス」のこの場面だけを確認するつもりで見始めると、結局ストーリーに引き込まれて最後まで見てしまった。

パッチは医学部に入学早々、ウォルコット学部長に出会う。「患者を治すのは人ではなく医者だ」と言い放つ謹厳で生真面目な人物だ。パッチは医学部の3年生までは患者と接するのを禁じるというルールを破り、附属病院の中に潜り込む。小児患者用の病室では、浣腸《かんちょう》用の赤いボールを鼻に付けて子どもたちを笑わせる。次から次へと子どもたちを喜ばすために道化を演じ続ける。

パッチはこのように患者や周囲の医療従事者を楽しませようと動き回るが、規則を重視する学部長とことごとくぶつかる。そしてついに学部長はパッチに退学を言い渡す。理不尽な処置に対し、彼は医師会に申し立てをする。その審問会で、パッチは「死を遠ざけるのではなく、生を高めるのが医者の務めだ」と医師会や医学生たちに訴える。熱弁するパッチの後ろには彼に救われた子どもたちとその親の姿もあった。最終的に医師会は退学の取り消しを決定する。病気を治すだけではなく患者の生活の質を高めることが医師の務めだ、というパッチの主張は認められたのである。医師会の委員長は最後に、学部長に対して「君にも『過度の幸福感（excessive happiness）』が必要だ」とたしなめる。

最近はコロナ禍で「高い緊張感を持って取り組む」とよく言われる。たしかに緊張感は必要であるが、本当に力を持っているのは、こういった「過度の幸福感」ではないだろうか。

会社員の中には、自分の好きなことをするのに罪悪感を覚える人もいる。だが「好き」を極めることから生まれるものは大きな力を持っていて、それは子どもの頃の夢ともつながっている。大人になっても子どもらしさを失わないことが大切なのである。

童心の記憶

最近は企業から、50代前半の社員研修を依頼されることが多い。その際に「5年後のなりたい自分」「10年後のなりたい自分」を事前課題として書いてきてもらうことがある。過去の棚卸しの欄には、「子どもの頃」のスペースもあるのに、大半の社員は入社してからしか振り返らない。せいぜい大学生からである。むしろ小学生、中学生時代に宝物が隠れているというのが私の実感だ。

多くの人が自分が子どもだった時のことを忘れているが、人生は一度も途切れることなく続いている。どの時代もすべて自分の歩みである。忘れていた子どもの頃の記憶をたぐり寄せてみれば、マンネリになった生活や仕事の中で迷子になっていた自分を取り戻すことができるかもしれない。今までの歩みの中でやり残したことや本当に好きだったことを思い出すこともあるからだ。

働き方や生活を見直すための一つの土地勘は、小さい頃の原体験や好きなこと、夢なのかもしれない。年齢を重ねていっても、過ぎ去った時代のままとどまっているものがある。原体験と自分との関係は持続しているのである。

それは、他人と比較することによって自己確認する必要のないものなのだ。会社内の価値に縛られている自分を解き放つ一つの方策は、子ども時代に伸びやかに表現していたものを思い出すことなのだろう。映画「パッチ・アダムス」の項で述べたように、過度の幸福感が大切なのではないか。

組織の中での仕事は基本は分業制で、他の人と取り換え可能である。それに対して、子どもの頃は全人格的な言動が基礎になっている。その子どもの頃の経験と、今までの仕事体験や生活経験を合わせることで、人生全体が一連の物語になる。

会社員から書籍に関するネット関係の会社を起業した人は、「学生時代にやりたかったことを、今やっている実感がある」と語ってくれた。彼は小さい頃から本好きだった。それに会社で培ったネット関係の技術をドッキングして新たな自分が生まれたのである。このように自ら主体性を持つと、会社での仕事を充実させて、会社のリソースを活用することができる。各人の原点である子どもの頃や青春時代の夢が何らかの形で実現した話を聞くと、なぜかこちらまで嬉しくなるものだ。

私の場合も、周囲の人から、サラリーマンで本を書いている変わった人と見られてきた。しかし中学時代の友人に話すと、「おまえは人の話を聞いて、それをほかの人に面白く伝えることはうまかった。向いていると思うよ」と当然のように受け止めてくれた。

私自身は全く意識していなかったが、子どもの頃に得意だったこと、好きだったことを今もやっているだけなのかもしれない。そこに、会社での経験やサラリーマンに対する長年の課題意識を付け加えていたのだ。

童心の記憶・体験を呼び戻すことによって、今までの自分に新たなものを付け加える。そうすれば、人生のプロセスに喜びを見出しやすいのである。今やっていることを中学や高校時代の友人に話してすぐに理解してくれるかどうかは、結構大事なポイントかもしれない。

好奇心が転身を支える

作家の浅田次郎は、マスコミが書きたがるような苦心惨憺《さんたん》の末に世に出た人は実はいない、人間は好きだからこそ、楽しいからこそ長くやっていける、と述べている。彼は高校時代、三島由紀夫《みしまゆきお》や川端康成《かわばたやすなり》の小説を書き写していたが、メディアはそれも作家になるための「修行」にしていた。ただ単に浅田は楽しくて書き写していたのだという。読むと面白い小説が、書き写してみると文章の細かなところが分かって、もっと面白くなったそうだ。(『プロ論』)

私も全く同感である。取材した転身者で、苦虫を嚙《か》み潰《つぶ》したような表情の人はいなかった。楽しそうだからこそ、他人が助けてくれたり、思いがけない出会いにも恵まれるのである。まずは自分が好きなことがあれば、それをとにかく突き詰めてやってみることだ。

ただ、「自分の次の人生はこれだ」と分かりやすく転身後の姿がすぐに定まることはない。日常の生活の中で少しでも「心地いいな」とか「好きだな」という小さな瞬間を積み上げていくことが結局は近道になる。野球の木村拓也選手の話(プロローグ)で、ハワイのウインターリーグで同室だったイチロー選手が毎日早朝からウエイトトレーニングをしていたのも、歯を食いしばってやっていたわけではなく、楽しくごく自然に習慣化していたのだろう。

歌人であり情報理工学者でもある東京大学教授の坂井修一《さかいしゅういち》は、研究に熱中している時、無心に歌を詠んでいる時、ふと自分が幼児のような状態になっているのに気づくことがあるそうだ。研究や創作という行為は幼児への退行現象だという（『日本経済新聞』２０２２年３月27日）。

スキルやノウハウや奇抜な発想が必要なのではなく、その場その場を楽しむことができる子どもっぽさが大切だ。未来に希望を持って我を忘れるような体験が最も力を持っている。そう考えると、まずは好きを極めた人の話に耳を傾けることだ。新聞の地域版や文化面などにもそういう人が登場する。

たとえば、２０２２年1月3日の『日本経済新聞』の記事では、「株式会社お雑煮やさん」代表の粕谷浩子《かすやひろこ》さんが紹介されていた。中学生の頃、父親の転勤で新潟県に住んだ時、友人宅の雑煮が自分の家と異なっていることに興味を持った。彼女は大人になって中小企業診断士として忙しく働いていたが、２００９年に一念発起して女子栄養大学に入学。栄養学を学びながら全国を巡り、雑煮をテーマに人々への聞き取りを始めた。

「ばあちゃんナンパ」と自称して全国各地を行脚《あんぎゃ》し、ご当地雑煮の種類や歴史を探究してきた。取材では「お雑煮ほど面白い料理は、ほかにない！」というスタンスで、銭湯や食堂で談笑するおばあちゃんに近づき、「どんなお雑煮を食べるの？」と聞くのだそうだ。私自身、定年退職者の取材で、平日の午前中にマクドナルドの１００円コーヒーを飲んでいる高齢男性に誰彼となく声をかけていたことを思い出す。彼女もどうにも止まらなくなっているのだろう。

彼女が立ち上げた「お雑煮やさん」という会社は、お雑煮商品の監修やお雑煮調査研究・地域特産品開発などの事業をしている。雑煮は地域の食文化を考える糸口になるのではないかと、今後は地元の観光協会などとも協力して魅力の発信に努めていきたいという。

粕谷さんは取材の時、おばあちゃんに銭湯でも話を聞いていたそうだが、庶民文化研究家の町田《まちだ》忍《しのぶ》さんは銭湯自体に魅せられている。『朝日新聞』の記事（2020年3月5日）によると、町から銭湯が消え始めていたので、誰かが銭湯の記録を残さないといけないと考えて、近くの銭湯から回り始めたという。当時は、温泉マニアはいても、まだ銭湯マニアはいなかったそうだ。これまでに3600軒を回ったというから驚きである。北海道から沖縄まで巡ると地域差も見えてくるそうだ。その足で稼いだ内容を書籍などで発信している。このように好きを極めていくと新たな道が見えてくることもある。特技・才能だけではない世界が確かに存在している。

第1章（5〜7頁）で紹介した俳優の藤田まことの著書を読んでいて思い出したことがある。小さい頃にテレビで見た、彼が演じるコントの場面だ。たしか「歌が好きで好きでたまらない男」というタイトルだった。藤田まことがマイクの前に立って歌い始める。周囲から背広を脱がされ、ワイシャツを破られ、財布を抜かれ、パンツ一枚になってもなおも歌い続ける男を演じて笑いを取っていた。数寄心《すきごころ》というか、好奇心が華麗とも言える転身を支えていたような気がする。彼の不機嫌そうな顔は見たことがないのである。

淀川長治と映画

好きを極めている人として私の頭にすぐに浮かぶのは、映画評論家の淀川長治である。テレビやラジオの映画解説を長く担当した彼は、小学校に入る前から週に9本もの映画を見ていた映画少年だったそうだ。出生時、母の陣痛が始まったのも映画館の中だったという逸話もある。

また、映画館で映写が終わったのにまだ座っている老人がいて、従業員が終わりましたよと声をかけると死んでいた、というのが頭に描いていた理想の死だと淀川自身が語っていた。その通りというか、89歳の淀川は死の前日にも車椅子で「日曜洋画劇場」（テレビ朝日系列）のスタジオに入り、映画解説の収録を行った。まさに映画三昧の人生だった。

淀川長治は、米国や日本の映画会社の宣伝部、映画雑誌の編集長も経験、「日曜洋画劇場」の解説にも取り組み、その後はフリーになって各方面に活動の場を広げていった。しかし、転身という形式的な枠組みでは簡単に語れないほど映画一筋に生きた人生だったと言えるだろう。

その最も有名なエピソードの一つは、淀川が26歳の時、神戸港に来たチャップリン（当時46歳）と船内で2人で話したことだろう。

実は、淀川長治は私と同じく神戸新開地近くで生まれ育ち、小さい頃から新開地の本通りにある映画館に通った。神戸港に降り立ったチャップリンは多くの見物客の中で、一番前にいた淀川少年だけを抱きしめた、という話を私が子どもの頃、当時の大人たちから聞いたことがある。映画が好きで好きでたまらないことが、一目見たチャップリンにも伝わったという趣旨だった。

自伝『「生きる」という贅沢《ぜいたく》——私の履歴書』によると、チャップリンと新妻ポーレット・ゴダードが新婚旅行で極秘に神戸港へ船で立ち寄る、というニュースをキャッチした淀川が、船内に入ってアポなしの突撃取材を敢行したというのが真相のようだ。

当初甲板《かんぱん》で3分間だけという約束だったのだが、淀川は「アナタの映画をほとんどぜんぶ、子供のころから見ております」と言って、チャップリンが出演した映画の原題を立て続けに挙げた。のみならず、映画のワンシーンを実際に演じてみせた。それがチャップリンのハートを捉えたのだろう。「ここは寒い、中へお這入《はい》り」と船室に招待してくれて、そこで40分間、2人きりで話をしたそうだ。私が子どもの頃に聞いた話は、このエピソードが変容したものだったのだろう。

『「生きる」という贅沢』を読むと、映画好きを極めたいという純粋な気持ちが周囲の人たちの応援を得て、さまざまな人との出会いにつながっていることがよく分かる。作家の沢木耕太郎は、新型コロナウイルスの影響で、自由な移動も飲食も奪われて閉塞感《へいそくかん》に包まれる日々に、ふと淀川長治と話したことを思い出したという。「淀川さんって本当に面白い人だったんだけど、『嫌いな人、面白くない人に会ったことがない』って言うわけ」とインタビューで語っている（「東洋経済オンライン」の2020年8月13日付記事「旅も人生も深めるなら一人がいい」）。映画好きのエネルギーが彼をそうさせているのだろう。

淀川長治ほどではなくても、物事に夢中になっている人には周囲の人が手を差し伸べてくれることも多く、人との出会いにも恵まれる。第5章（130～131頁）に書いたように、一途な姿勢・気持ちは師匠やメンターを呼び込む大切な要素なのである。また、好きを極めている人には子どものような無邪気な気持ちがあるので、周りの人はその人を疑わず信用する。転身する場合には、人との友好な関係は不可欠であるが、墓石販売に転じた大森さん（186～188頁）のように、営業が好きで好きでたまらない人に出会うと、こちらまで嬉しくなって話を聞きたくなるのである。

さかなクンの「一魚一会」

転身という観点から見ると、歯を食いしばって努力して頑張る人は、自分の好きを極めて夢中になっている人ほどスムーズに移行できない。眉間にしわを寄せていては誰も進んで寄ってはこないからだ。

そのうえ夢中になっている人は、自らの可能性に疑問を抱かないので、取り組んでいる時間や内容がとんでもなく大きい。このため、普通の人は簡単には追いつくことができない。机上の資料や情報を使って調べようとする人は、地域ごとの雑煮の違いを知りたくて全国の銭湯や食堂で見ず知らずのおばあちゃんに夢中で話を聞いている人にはとてもかなわないのである。また、いざという時にはとてつもないエネルギーが発揮できる。

好きを極めているという意味では、東京海洋大学名誉博士で同大学客員教授のさかなクンもそうだろう。テレビ番組などにもひっぱりだこだが、彼の自伝とも言える『さかなクンの一魚一会《いちぎょいちえ》――まいにち夢中な人生！』では、生い立ちから現在までの魚や生き物たちとの出合い、友人たちとの関係などを赤裸々に綴《つづ》っている。初めはゴミ収集車に強い関心を持ったが、その後は魚に興味を持ち続けた。

小学校の授業中も魚の絵を描いてばかりで全く集中せず、答案用紙にも魚の絵を書いて提出することがあった。担任の先生が母親に、学校の勉強をきちんとやるように家庭でも指導してほしいと言うと、母親は「この子は魚が好きで、絵を描くことが大好きなんです。だからそれでいいんです」と応えて、いつも彼の背中を押してくれていたそうだ。

温かく見守る家族の応援もあって、タコや魚などに夢中になっているエピソードがこの本には詰まっている。そして読んでいる時のワクワク感が、先ほどの淀川長治の自伝と全く同じであることに気がつくのである。

伊丹十三は、商業デザイナー、イラストレーター、俳優、エッセイスト、作家、映画監督など、次から次へと多彩な転身を繰り返した。同様な存在としては、俳優、イラストレーター、ラジオのパーソナリティー、小説家などとして活躍するマルチタレントのリリー・フランキーもいる。

「13の顔を持つ男」という伊丹十三記念館限定販売のＤＶＤでは、伊丹十三の少年時代の紹介、次々と転身していく姿を2時間20分にわたって紹介している。各仕事で関わった人のインタビューとともに描かれている。その転身の流れを見ていると、自分はいったい何を求めているかを知るために諸々の創作活動を通じて自己の可能性について確認し続けたように思われる。また、いつも遊び心と楽しさが根元にあって、周囲の人に影響を与え続けていることも印象的だった。ＤＶＤの中で、自分は若い時から何をやっても表現しきれたという充実感が持てなかったが、最終的に映画監督に行きついて、今までの集積が全部使えることが分かったという。最後は父親の伊丹万作《まんさく》と同じ映画監督だというのが興味深い。
面白いことに、リリー・フランキーは、遺業を記念して創設された伊丹十三賞を受賞している。彼は「本当にどこかでいつも伊丹さんのことを、ずっと学生の頃から憧れてました」と語っている。受賞者の顔ぶれを見てみると、糸井重里（コピーライター）や磯田道史（日本史学者）の名前もあって、好きを極めて自分の可能性を突き詰める転身力を体現する人が受賞している。ひょっとすると、いずれはさかなクンも選ばれるかもしれない。

移住という転身

経営コンサルタントの大前研一《おおまえけんいち》によれば、人間が変わる方法は3つしかない。1つ目は時間配分を変える、2つ目は住む場所を変える、3つ目は付き合う人を変える——である（『時間とムダの科学』）。転身という観点から見ると、時間配分や付き合う人を変えることは今まで検討してきたが、住む場所、働く場所を変えることも転身には求められることがある。

コロナ禍においては、オフィスに出社せず自宅で仕事をするリモートワークが新たな働き方として定着した。私自身は2022年3月で大学の教員を退任したが、教員になった当初は教室で対面授業を行うことが当然の前提であった。ところがコロナ禍による遠隔授業の実施で約2年間の試行錯誤を経て、Zoomと授業用のサイトを利用すればかなりのことができることに気がついた。リモートの方がグループ討議や個人面談もスムーズにできることが分かったのである。リモートワークと対面での仕事を並行させるハイブリッド型の働き方を多くの人が経験したので、コロナ禍前の状態に完全に戻ることはないように思える。

その意味では、住む場所や働く場所を変えることも転身の一つの要素になってくる。私自身も、学生の時に下宿暮らしを始めるとか、会社員時代に転勤したことが、自分を変えるきっかけになった。

先日、京都移住をテーマにしたセミナーにリモート参加した。なぜ京都に生活の拠点を移すのか？　地元の人との付き合いに対して不安はないのか？　高齢になった時の終《つい》の棲家《すみか》はどうするのか？　親の介護は大丈夫なのか？　話を聞きながら、疑問が次から次へと浮かんできた。そのため京都移住に関する本を何冊か読んでみた。

初めに目を通したのは人気ライターである永江《ながえ》朗《あきら》さんが書いた『そうだ、京都に住もう。』である。50代で築百年の京町家《きょうまちや》を購入。リノベーション（改修）して快適に暮らすまでの1年余りを詳細に記録した本である。そもそもの始まりは、茶室を持ちたかったことだという。自転車でどこにでも行けるという街のサイズ、書店などの文化施設が充実していることが決め手だったようだ。

書籍では、不動産会社の社長とのやりとり、リノベーションを担当した業者の声、実際の住み心地も盛り込まれていて、京都移住のプロセスがリアルな物語になっている。永江さんの住まいが東京と京都の2つになって、仕事にも生活にもメリハリが利いて変化している様子がうかがえた。

もう一冊は『死ぬなら、京都がいちばんいい』（小林玖仁男《こばやしくにお》著）。著者は埼玉県北浦和《きたうらわ》の会席料理屋「二木屋《にきや》」の主人。59歳の時に難病の間質性肺炎《かんしつせいはいえん》と診断され、医師から「余命は長くて5年」と宣告された。自分の死に際して綿密なエンディングリストを作成して次々と実行してきたが、「京都に最期に住むこと」が最も達成したい願いだということに気づいた。そしてすぐに住居と料亭経営をすべて整理して京都西陣《にしじん》のマンションに引っ越した。2014年11月のことである。まさに死から逆算しての決断だったのだろう。

書き上げた本は、京都の街に溶け込んで生きる彼の姿が随所にうかがえる古都ガイドとなっている。「悔いなく生きる。人生を謳歌《おうか》する」というメッセージが込められている。残念ながら、小林さんは2019年3月に永眠した。享年64歳。私と同世代だった。

この2冊の本を読んで感じたのは、やはり住む場所や働く場所を変えるというのは大変な作業であり、単なる憧れだけではできないということだ。一方で、自らの想いを実現したり、現在の状況を思い切って変えて自己の可能性にチャレンジできる。転身において移住は一つの選択肢になり得る。そして、いろいろな条件を周囲が語るよりも、本人の強い思い入れや好きなことこそが移住の意味を高めるポイントだと思い知ったのである。

故郷や地元を愛する

京都に魅力を感じて移住する例を取り上げたが、故郷や愛着のある地域に移住するという形の転身もあり得る。

先述のように、東京で働いていた人は、30代で遭遇した阪神・淡路大震災によって実家が全壊し、神戸の街も一変してしまった姿を目の当たりにした。それを契機に会社を辞めて神戸に戻って、自分が育った地域に貢献するためにフリーペーパーやメールマガジンを発行したり、諸々のイベントを中心になって企画している。

バブル期に会社を退職して起業したがうまくいかず、結局負債を抱えることになって家族とも別れ、意気消沈して故郷に戻った人もいる。昔の学生時代の友人との交友を再開して健康を取り戻し、同級生と再婚して再起した。

また、私がかつて勤めていた生命保険会社で同期入社の黒瀧善郎《くろたきよしろう》君は、42年間勤めた会社を退職して、横浜の自宅に家族を残して、実家のある北海道増毛町《ましけちょう》に戻った。89歳になる母親と一緒に暮らすためだ。日常生活では3度の食事の献立を彼が作り、買い物や料理をほぼ毎日行っている。横浜の自宅には3か月に一度戻って、家族と顔を合わせているそうだ。

彼は居を移して半年後、地元にあるコミュニティFMラジオ局（エフエムもえる）で、北海道出身のシンガーソングライター半崎美子《はんざきよしこ》さんを応援する番組「ハンザキスト広場」を開始し、自ら地域ボランティアパーソナリティ（ラジオネームはサンクタスシニア）として活躍している。地元での活動を通して故郷への恩返しや町おこしに貢献できればと考えている。彼の話を聞いていて印象的だったのは、昔の学生時代の友人や先輩・後輩のネットワークの中で地元での活動が広がっていることだ。

北海道に対する愛着の念は社会人生活を続けるなかでも決して消えることはなく、地元増毛への望郷と郷愁の感情は、歳を重ねるごとに強くなっていったという。年齢を経ると誰しも自分の故郷や思い出のある土地に回帰したくなるのかもしれない。生まれ育った土地へのノスタルジーや昔の人間関係、懐かしい記憶を誇らしげに語る人は少なくない。亡くなった親への感謝を改めて語る人もいる。小学校時代、中学校時代のそれぞれの想い出は自分の可能性にコミットすることにもつながっている。

私は中高年以降になってから地元神戸を歩き回る機会が多くなった。小学6年生の時の同級生と校区を一緒に歩いて回ったこともある。各自の思い出を語り合いながら巡るのは格別だった。「この場所に私が住んでいたアパートがあった」と感慨深げに立ちすくんだ女性もいた。彼らと一緒に歩き回ると、エネルギーをもらえたように感じ、元気になっていく自分を確認できた。

地元を見つめ直すことは、小さい頃の自分を呼び戻すことや、自身の本当に好きなこととつながっているのだと感じることがある。

『地元学をはじめよう』という本がある。地元学とは、自分たちのことは自分たちでやるという自治する力を根本に据えないかぎり、持続的な取り組みは不可能だと考える、実践型学問だという。

著者の吉本哲郎《よしもとてつろう》は、熊本県水俣《みなまた》市の元市役所職員だ。彼は「ないものねだり」ではなく「あるもの探し」が大切であるとして、地域や住民自身が地域の持つ魅力を発見し、それを当事者主導で広げていくことを強調している。中央からの助成金や補助金目当てで何かをつくるのでは本当の町おこしにはならないという。

水俣病で多くの人が苦しみ亡くなった水俣市で、被害者の方々に向き合いながら、多岐にわたる地域再生の取り組みを行っている。また、日本全国の町おこしの活動とも連携して地域の主体性を取り戻すことを主張している。

それまでビジネスで自らの力量を発揮してきた人が地域に貢献することも、転身として考えていいだろう。子どもの頃の無邪気さを呼び戻すことにもつながってくるように思えるのだ。転身のための大切なものは、いつも自分の足元にある。

あとがき

この3月で、5年間お世話になった神戸松蔭女子学院大学を退職することになった。当初はもう少し勤める予定だったが、この「転身力」の原稿を書いているうちに、自分もいったんゼロに戻って新たなことをやってみようと思ったからだ。

生命保険会社で定年まで勤めたのち、63歳からの新たな仕事だったので、「歳は取っているけど新米教師です」と学生に自己紹介したことを思い出す。

ビジネスの世界から教育の世界に来たので、その違いに当初は戸惑うこともあった。会社組織では、経営者や社員の間に売上高や利益額の達成などの共通目標がある。それらをベースにして考え方を伝えながら仕事を進めれば、それほど困ることはない。ところが、大学では各学生の考えていること、求めているものが多種多様でばらつきが大きい。そのため全体に語りかけても理解の仕方や反応は異なってくる。

私の物真似をする学生がいて、「みんな分かっているか。大丈夫か」というのが口癖だそうだ。自分では全く意識していなかったが、意図が伝わっているかどうかを確認したかったのだろう。大学では一人一人への対応が大切だと思い知った。

また教職員も、研究、教育、学校運営において、一致した行動や対応よりも多様性があることが大切なポイントである。私から見ると、大学の教員はサラリーマンというよりも個人事業主に近い。

大学に慣れてくると、いろいろな人が組織の中にいる、教職員や学生間の相互の関係が本筋で、会社内の人間関係の方が特殊なのだ、と思えてくるから不思議なものだ。

この2年間のコロナ禍でのリモート授業も印象的だった。私はIT音痴で、それまではワープロソフトで文章を打つくらいしかできなかった。そのため同僚の若い先生に丁寧に教えてもらって、Zoomと学内のサイトを使いながら授業に取り組んだ。Zoomも毎回使っているとグループ討議や個人面談もできるようになった。また、チャットを使えば学生の意見も簡単に聞くことができる。最近は授業だけでなく個人の打ち合わせや取材にも活用している。その変化は身近にいる妻が一番驚いている。このように大学に来て新たな自分に出会えた。これも教員に転身した効果である。

残りの持ち時間を考慮すると、全く新たなことではなく、今までにやり残したことや子どもの頃から興味があった事柄に取り組むことになりそうだ。90分授業を年間150回受け持ってしゃべる機会や、卒論演習、学科会議で学生や先生方と議論できなくなるのは寂しい気持ちもある。でもいいとこ取りばかりはできない。大切なものを手放さないと、新たな価値あるものを手に入れることはできないだろう。いずれにしても自らの可能性を信じてチャレンジしたいと考えている。

本書を執筆するに際して、多くの人に自らの転身体験を語っていただき、ご意見・ご感想もいただいた。改めて御礼申し上げたい。また、今回も的確な助言をいただいた中公新書編集部の並木光晴さんに深く感謝する次第である。

楠木　新

２０２２年３月

参考文献

■プロローグ　自身の可能性を探る
木村由美子『一生懸命』（中央公論新社、2010年）

■第1章　なぜ転身力なのか
藤田まこと『こんなもんやで人生は』（主婦と生活社、1988年）
藤田まこと『年をとるのも悪くない』（飛鳥新社、1991年）
藤田まこと『人生番狂わせ』（集英社、1999年）
藤田まこと『最期』（日本評論社、2006年）
沢木耕太郎編著『陶酔と覚醒』（岩波書店、2020年）
溝口敦『さらば！　サラリーマン』（文藝春秋、文春新書、2019年）
瀬川正仁『六〇歳から始める小さな仕事』（バジリコ、2011年）
リンダ・グラットン、アンドリュー・スコット（池村千秋訳）『LIFE SHIFT』（東洋経済新報社、2016年）
五木寛之『作家のおしごと』（東京堂出版、2019年）

■第2章　転身の3条件
瞳みのる『ロング・グッバイのあとで』（集英社、2011年）

■第3章　プロセスが大切
入山章栄『ビジネススクールでは学べない世界最先端の経営学』（日経BP社、2015年）
加藤廣『信長の棺』上下（文藝春秋、文春文庫、2008年）
中野雅至『ニートだった私がキャリア官僚から大学教授になった人生戦略』（SBクリエイティブ、SB新書、2014年）
今泉健司『介護士からプロ棋士へ』（講談社、2015年）
梅原大吾『勝ち続ける意志力』（小学館、小学館101新書、2012年）
ちきりん、梅原大吾『悩みどころと逃げどころ』（小学館、小学館新書、2016年）

■第4章　顧客を見極める
立花隆『自分史の書き方』（講談社、学術文庫、2020年）
山本真司、辻井隆司監修・著、東京都民銀行、ソリマチ共著『スモールビジネスファイナンス革命』（プレジデント社、2000年）

■第5章　師匠を探せ
江夏豊『燃えよ左腕』（日本経済新聞社、2018年）
野村克也『野村ノート』（小学館、小学館文庫、2009年）
月亭方正『僕が落語家になった理由』（アスペクト、2013年）
月亭方正『落語は素晴らしい』（ヨシモトブックス、2018年）

■第6章　人間万事塞翁が馬
佐伯泰英『闘牛』（平凡社、平凡社カラー新書、1976年）
佐伯泰英『闘牛士エル・コルドベス1969年の叛乱』（集英社、1981年）
佐伯泰英『闘牛はなぜ殺されるか』（新潮社、新潮選書、1998年）
高橋正雄『漱石文学が物語るもの』（みすず書房、2009年）
楠木新『左遷論』（中央公論新社、中公新書、2016年）
小倉昌男『小倉昌男　経営学』（日経BP社、1999年）
森健『小倉昌男　祈りと経営』（小学館、小学館文庫、2019年）

■第7章　「好き」を極めてこそ
淀川長治『「生きる」という贅沢』（日本経済新聞社、1998年）
B-ing編集部編『プロ論。』（徳間書店、2004年）
B-ing編集部編『プロ論。2』（徳間書店、2005年）

参考文献

B-ing編集部編『プロ論。3』（徳間書店、2006年）
さかなクン作・絵『さかなクンの一魚一会』（講談社、講談社青い鳥文庫、2021年）
大前研一ほか『時間とムダの科学』（プレジデント社、2005年）
永江朗『そうだ、京都に住もう。』（小学館、小学館文庫、2015年）
小林玖仁男『死ぬなら、京都がいちばんいい』（幻冬舎、2018年）
吉本哲郎『地元学をはじめよう』（岩波書店、岩波ジュニア新書、2008年）

人名索引

楠木 新（くすのき・あらた）

1954年（昭和29年），神戸市に生まれる．京都大学法学部卒業．生命保険会社に入社し，人事・労務関係を中心に，経営企画，支社長等を経験．勤務と並行して，「働く意味」をテーマに取材・執筆・講演に取り組む．2015年，定年退職．2018年から４年間，神戸松蔭女子学院大学教授を務めた．
著書に『会社が嫌いになったら読む本』『人事部は見ている。』『サラリーマンは、二度会社を辞める。』『知らないと危ない、会社の裏ルール』『経理部は見ている。』（以上，日経プレミアシリーズ），『就活の勘違い』『「こころの定年」を乗り越えろ』『定年後の居場所』（以上，朝日新書），『働かないオジサンの給料はなぜ高いのか』（新潮新書），『左遷論』『定年後』『定年準備』『定年後のお金』（中公新書），『会社に使われる人 会社を使う人』（角川新書）ほか．

転《てん》身《しん》力《りょく》
中公新書 *2704*

2022年６月25日発行

著　者　楠木　新
発行者　松田陽三

本文印刷　暁印刷
カバー印刷　大熊整美堂
製　本　小泉製本

発行所　中央公論新社
〒100-8152
東京都千代田区大手町1-7-1
電話　販売 03-5299-1730
　　　編集 03-5299-1830
URL https://www.chuko.co.jp/

Published by CHUOKORON-SHINSHA, INC.
Printed in Japan　ISBN978-4-12-102704-7 C1236

中公新書刊行のことば

いまからちょうど五世紀まえ、グーテンベルクが近代印刷術を発明したとき、書物の大量生産は潜在的可能性を獲得し、いまからちょうど一世紀まえ、世界のおもな文明国で義務教育制度が採用されたとき、書物の大量需要の潜在性が形成された。この二つの潜在性がはげしく現実化したのが現代である。

いまや、書物によって視野を拡大し、変りゆく世界に豊かに対応しようとする強い要求を私たちは抑えることができない。この要求にこたえる義務を、今日の書物は背負っている。だが、その義務は、たんに専門的知識の通俗化をはかることによって果たされるものでもなく、通俗的好奇心にうったえて、いたずらに発行部数の巨大さを誇ることによって果たされるものでもない。現代を真摯に生きようとする読者に、真に知るに価いする知識だけを選びだして提供すること、これが中公新書の最大の目標である。

私たちは、知識として錯覚しているものによってしばしば動かされ、裏切られる。私たちは、作為によってあたえられた知識のうえに生きることがあまりに多く、ゆるぎない事実を通して思索することがあまりにすくない。中公新書が、その一貫した特色として自らに課すものは、この事実のみの持つ無条件の説得力を発揮させることである。現代にあらたな意味を投げかけるべく待機している過去の歴史的事実もまた、中公新書によって数多く発掘されるであろう。

中公新書は、現代を自らの眼で見つめようとする、逞しい知的な読者の活力となることを欲している。

一九六二年一一月

宗教・倫理

b1

2293	教養としての宗教入門	中村圭志
2459	聖書、コーラン、仏典	中村圭志
2668	宗教図象学入門	中村圭志
2158	神道とは何か	伊藤　聡
1130	仏教とは何か	山折哲雄
2135	仏教、本当の教え	植木雅俊
2616	法華経とは何か	植木雅俊
2416	浄土真宗とは何か	小山聡子
2365	禅の教室	藤田一照・伊藤比呂美
134	地獄の思想	梅原　猛
989	儒教とは何か（増補版）	加地伸行
1707	ヒンドゥー教―インドの聖と俗	森本達雄
2261	旧約聖書の謎	長谷川修一
2076	アメリカと宗教	堀内一史
2360	キリスト教と戦争	石川明人
2642	宗教と過激思想	藤原聖子
2453	イスラームの歴史	K・アームストロング　小林朋則訳
2639	宗教と日本人	岡本亮輔
2306	聖地巡礼	岡本亮輔
2310	山岳信仰	鈴木正崇
2499	仏像と日本人	碧海寿広
2598	倫理学入門	品川哲彦

中公新書

言語・文学・エッセイ

j2

自然・生物

s1

2305	生物多様性	本川達雄
2414	入門！進化生物学	小原嘉明
2433	すごい進化	鈴木紀之
1647	言語の脳科学	酒井邦嘉
2656	本能―遺伝子に刻まれた驚異の知恵	小原嘉明
1709	親指はなぜ太いのか	島　泰三
1087	ゾウの時間 ネズミの時間	本川達雄
2419	ウニはすごい バッタもすごい	本川達雄
2677	エビはすごい カニもすごい	矢野　勲
877	カラスはどれほど賢いか	唐沢孝一
2485	カラー版 目からウロコの自然観察	唐沢孝一
1860	昆虫―驚異の微小脳	水波　誠
2693	カラー版 クモの世界―糸をあやつる8本脚の狩人	浅間　茂
2539	カラー版 虫や鳥が見ている世界―紫外線写真が明かす生存戦略	浅間　茂
2259	カラー版 スキマの植物図鑑	塚谷裕一
1706	ふしぎの植物学	田中　修
1890	雑草のはなし	田中　修
2174	植物はすごい	田中　修
2328	植物はすごい 七不思議篇	田中　修
2491	植物のひみつ	田中　修
2644	植物のいのち	田中　修
2589	新種の発見	岡西政典
2572	日本の品種はすごい	竹下大学
1769	苔の話	秋山弘之
939	発酵	小泉武夫
2408	醤油・味噌・酢はすごい	小泉武夫
348	水と緑と土（改版）	富山和子
2672	南極の氷に何が起きているか	杉山　慎
1922	地震の日本史（増補版）	寒川　旭

地域・文化・紀行

t1

- 285 日本人と日本文化　司馬遼太郎　ドナルド・キーン
- 605 絵巻物に見る日本庶民生活誌　宮本常一
- 201 照葉樹林文化　上山春平編
- 799 沖縄の歴史と文化　外間守善
- 2298 四国遍路　森　正人
- 2151 国土と日本人　大石久和
- 2487 カラー版 ふしぎな県境　西村まさゆき
- 1810 日本の庭園　進士五十八
- 2633 日本の歴史的建造物　光井　渉
- 2511 外国人が見た日本　内田宗治
- 1009 トルコのもう一つの顔　小島剛一
- 2032 ハプスブルク三都物語　河野純一
- 2183 アイルランド紀行　栩木伸明
- 1670 ドイツ　町から町へ　池内　紀
- 1742 ひとり旅は楽し　池内　紀
- 2023 東京ひとり散歩　池内　紀
- 2118 今夜もひとり居酒屋　池内　紀
- 2331 カラー版 廃線紀行―もうひとつの鉄道旅　梯　久美子
- 2290 酒場詩人の流儀　吉田　類
- 2472 酒は人の上に人を造らず　吉田　類
- 2690 北海道を味わう　小泉武夫